2025 산 자와 죽은 자 사이 맺어진 영원한 사랑의 만남

한국 추모시 사화집

엮은이 鄭眞石

천안삼거리 마틴공원 소재 (青岩 李明煥 詩 「7월의 장미 −참전 전몰 미군 용사 71주년 추모의 성전에서−」)

문경출판사

한국 추모시 사화집

發刊辭

12　鄭眞石　시인·문학평론가·시낭송가·문학박사　산 자와 죽은 자를 잇는 영원한 사랑의 무지개다리가 되기를 소망하며

追慕詩

15	강신용	대전광역시	바람의 행방 -장시종 시인을 추모하며
18	강영환	부산광역시	송현이
20	고안나	부산광역시	날 선 검처럼
22	구순자	전북 전주	큰별 -아버지 구인서(具仁書)
25	권능원	충남 아산	어머니
27	김길순	대전광역시	영원을 향하여 -김용재 시인님 추모함
29	김난주	충남 태안	비 오는 날
31	김대식	강원 영월	아버지의 추모시
33	김명애	충남 부여	탱자나무 꽃
35	김선순	경기 안성	엄마연꽃 -입관하는 어머니를 바라보며
37	김성숙	대전광역시	산에 오르며 -아버지(故 김영배 수필가, 시조시인)를 여의고
38	김영진	전북 전주	미당전설(未堂傳說)
40	김완용	대전광역시	꽃잎은 떨어져도 -어느 시인의 영전에 바친다
42	김완하	대전광역시	별들의 고향
44	김용호	대전광역시	현충지(顯忠池)
46	김은수	경북 의성	하늘 연못
47	김은실	충남 부여	그리운 어머니
49	김인희	충남 부여	친정아버지
51	김일형	충남 서산	광야의 기도
53	김재하	충남 금산	어머니 3
55	김한중	충남 서천	꽃살문 사이로
57	노수빈	대전광역시	전봉건·3 -눈썰기
58	도한호	대전광역시	일모(一茅) 선생님을 기리며
60	류인채	전북 익산	곡비(哭婢)
62	류준식	대전광역시	자네 먼저 왜인가? -친구를 보내며
63	문희봉	충남 청양	『산바람 소리』가 들립니다 -백강 조남익 시인을 추모하며
65	박영춘	충남 서산	기강 가념에서
67	박재화	경기 용인	아득하고 붉은

한국 추모시 사화집

69	박정하	경기 하남	내 운명 같은 선생님 두 분
72	박종선	충남 부여	1주년 추모일
74	박지현	대전광역시	아버지
76	박찬송	서울특별시	엄마가 바람났다
78	박춘희	충남 아산	수목장
80	박헌오	대전광역시	보문산 꽃그늘에 누워 -고 조남익 시인 영전에
81	박희영	충남 예산	6월의 한강에서
82	배재용	충남 금산	별이 된 임희재
84	성진명	전북 진안	보고픈 엄빠
85	손수여	대구광역시	내가 무섭다
87	송낙인	충남 서산	아버지 흑백사진
89	송선용	충남 금산	너무 늦지 않길 바라봅니다
91	신영연	대전광역시	블루 마운틴
93	신익선	충남 예산	훌쩍 -일모(一茅) 정한모 선생을 그리며
95	신현자	세종특별자치시	조모사(弔母思) -어머니 영전에
97	안치호	대전광역시	소천(召天) -어머니 김갑선 여사
99	안효철	부산광역시	선계에 가는 길
100	양왕용	부산광역시	영동을 지날 때마다 -최연홍(1941~2021) 시인을 추모하며
102	오만환	충북 진천	청백리 맹사성 -숲과 사람들
104	오하룡	경남 창원	추모시집 1 -혈족 혈연들에게
106	용미자	충남 보령	백세주
108	윤숙희	충남 논산	무화과 연정
110	이규흥	충북 청주	환승(換乘)
111	이명환	충남 천안	7월의 장미
113	이명희	충남 보령	어머니 영전에 -2007년 5월 15일 하관식을 새기며
115	이봉구	충남 금산	울엄마의 삶 -수의 한 벌
117	이순희	충남 부여	그리운 목소리
119	이승훈	전북 익산	개망초꽃 -문용기 열사 앞에서
121	이유나	충남 부여	승무
123	이은자	충남 보령	황소 -아버지 영전에 부처
124	이인오	전북 익산	은행나무
126	이종수	충남 당진	아버지의 꽃밭
128	이찬억	전북 익산	겨울 연가
130	이 철	충남 예산	구름 속에는
131	이춘희	서울특별시	승화원 -시어머님 이정염 권사
133	이흥우	충남 부여	11월의 군불

한국 추모시 사화집

135	임애월	경북 상주	어떤 혹성을 위하여 -누이에게
136	임영봉	충남 금산	부모님전 상서
137	장미숙	충남 아산	신(新) 제사(1)
138	전창근	충남 금산	미소만 있는 꽃
140	정광지	충북 청주	초혼곡(招魂哭)
141	정금윤	충남 공주	우리 선생님 -이상직 은사님 영전에
143	정병현	전남 화순	상추쌈
145	정상원	전북 익산	봄날
146	정성수	전북 전주	매장(埋葬)
147	정진석	충남 부여	엄마아빠 유택(幽宅) 찾기
150	정하선	인천광역시	아버지, 옷 한 벌 드립니다
152	정학수	서울특별시	성묘(省墓)
154	조남명	대전광역시	하관(下棺) -豐壤趙氏 門中 龍仁李氏 추모(2022. 4. 23.)
156	조홍련	전남 고흥	단소를 부는 사나이 -明東 趙學濟 아버지를 그리며
158	주봉구	전북 전주	행려(行旅) -박용래 시인을 추모함
160	주원규	서울특별시	신비로운 향기가 감도는 모습으로 -故 羅明淳 博士 靈前에
163	진명희	충남 예산	이슬비 -돌아가신 어머니를 그리며
164	차명숙	충남 예산	고사리 꽃이 피었습니다
167	최대승	충남 공주	벚꽃은 다시 피고 -아버님을 그리며
169	최명규	충남 서천	엄니
172	최세균	충남 보령	어머니의 유언
173	하진우	충남 부여	가을편지
174	한고석	충남 예산	아버님 영전에
176	한 린	대전광역시	부고에 답장하다 -故 윤월로 시인 영전에
178	홍인숙	대전광역시	해처럼 빛나는 얼굴 -엄문용 장로님께
180	황한섭	충남 금산	가을날의 소묘

追慕隨筆

185	김용순	어디쯤 가시나요 -정창순 수필가를 떠나보내며
189	삼구이	그리운 우리 어머니

特別寄稿

192	한정희	실향과 둑길의 시인 -나의 아버지 한성기

2025 산 자와 죽은 자 사이 맺어진 영원한 사랑의 만남

한국 추모시 사화집

엮은이 鄭眞石

천안삼거리 마틴공원 소재 (青岩 李明煥 詩 「7월의 장미 –참전 전몰 미군 용사 71주년 추모의 성전에서–」)

문경출판사

| 發刊辭 |

산 자와 죽은 자를 잇는 영원한 사랑의 무지개다리가 되기를 소망하며

〈한국 추모시 사화집〉 엮은이 대표 鄭眞石
(시인·문학평론가·시낭송가·문학박사)

　우리 모두는 생성소멸(生成消滅) 내지는 생자필멸(生者必滅)이라는 대자연계의 냉혹한 질서 및 신(神)의 준엄한 섭리에 따라 훗날 언젠가 반드시 죽기 마련입니다.
　따라서 살아있는 우리로선 각 분야에서 저마다 나름대로 평생 아름답고 성실하게 사시다가 이승을 먼저 떠나가신 부모님을 비롯하여 사랑하고 흠모하는 고인(故人)에 대한 발자취와 공적(功績)을 기리고 추모할 소명과 책무 및 정리(情理)가 있지 않을까 싶습니다.
　이에 지난날 각자 자기가 존경하고 사랑하는 고인(故人)에 대하여 추모(追慕) 및 사모(思慕)의 정(情)을 노래한 기획간행물 ≪한국 추모시 사화집(韓國 追慕詩 詞華集)≫을 발간하고자 원고를 모았습니다.
　여기에 수록된 작품들 속에는 작고(作故)하신 부모님, 형제, 친지, 벗, 문인 등에 대한 애틋한 추모의 정과 애잔한 그리움이 진솔하게 그려져 있습니다. 저마다 혈연 내지는 좋은 인연을 맺은 고인(故人)을 향하여 애정과 관심의 눈빛으로 존경과 흠모와 애도와 추억과 함께 명복(冥福)을 비는 인간적인 너무나 인간적인 맑고 고운 마음결을 눈물어린 가슴으로 썼기에 가슴으로 읽히는 시(詩)들이 실로 아름답고 향기롭기만 합니다.

　귀한 혈육 또는 소중한 인연을 맺었던 고인(故人)을 향한 아침이슬이나 깊은 산속 옹달샘 같은 순정(純情)을 그대로 담은 옥고(玉稿)를 두세 편 보내준 분들도 있는데, 제작비 조달 사정상 어쩔 수 없이 1편씩 수록할 수밖에 없어서 무척 안타깝고 죄송스럽기 그지없습니다. 어쩌면 추모시를 쓰신 시인의 입장에서 혹여 이번 ≪한국 추모시 사화집(韓國 追慕詩 詞華集)≫ 첫 번째 작품집에 빠진 작품에 오히려 더 애착이 갈 수도 있고 작품의 완숙 면에서 한결 더 돋보이게 느껴질지도 모르겠습니다. 그렇지만 공평성 때문에 다같이 1편씩만 우선 게재하는 도리밖에 없었습니다. 이 점에 대한 시화집 발간 추진 집행부의 입장과 고충을 너그럽게 양지해주시기 바랍니다. 재삼 송구한 마음을 공손히 표합니다. 애써 쓰셨음에도 이참에 수록하지 못한 좋은 작품들이 발표될 기회가 차후 마련되어 세상에 빛을 발하게 되기를 바랄 따름입니다.

　애초 월명사(月明師) 대사님의 「제망매가」를 비롯한 옛문인들께서 남기고 가신 참으로 훌륭하고 빼어난 추모시(追慕詩)들을 <특별모음>으로 꾸미고, 또한 몇 분의 선배문인들에 대한 <추모특집>을 꾸미고 싶었습니다. 그렇지만 이 역시 발간비 마련 관계로 부득이 다음을 기약해볼 도리밖에 없었던 아쉬움과 애로점을 표백해둡니다.

　이참 ≪한국 추모시 사화집(韓國 追慕詩 詞華集)≫에 동참해주신 문인들께 정중히 경의를 표하며 동시에 감사의 마음을 건넵니다. 아울러 발간비 마련에 헌신적으로 봉사한 박진용 사무간사님 및 우호

| 發刊辭 |

　적으로 얼쑤해주신 편집위원님들과 편집 실무진님들께도 고마운 인사를 드립니다.
　바라건대, 이번 ≪한국 추모시 사화집(韓國 追慕詩 詞華集)≫이 산 자와 죽은 자 사이에 맺어진 이승에서의 아름답고 향기로우며 값지고 보배로운 인연을 지속적으로 잇는 영원한 사랑의 무지개다리가 되기를 소망합니다.
　끝으로 문우로서의 오랜 친분으로 봐서 실비로 책자를 발간해준 문경출판사 강신용 대표님과 편집실장 손중순 여사님을 위시하여 수고하신 분들께 감사의 인사를 건넵니다.
　아무쪼록 앞으로도 다들 오래 오래 강건하시고 줄곧 문학을 사랑하시는 가운데 항상 행복하시기를 기도합니다. 고맙습니다.

2025년 8월 15일

追慕詩

바람의 행방
― 장시종 시인을 추모하며

강신용

지나간 세월은 다시 돌아올 수 없지만
아름답던 날들의 추억은 가슴속에 남아 있어
당신이 우리 곁을 떠나갔어도
우리는 당신을 잊을 수 없습니다

약관, 20대 문청 시절
당신의 빛나던 삶의 예지와
번뜩이던 시의 언어들은
생명의 말씀인 양 우리 곁에 다가와
아름답고 슬픈
문학의 꿈을 심어 주었습니다

당신의 신비스런 언행에서
세상의 물상들은 눈을 뜨고
당신의 심령에 흔들리던 우주의 몸짓은
한 편의 시가 되고 노래가 되었습니다

갈빛 어른대는 소슬한 저녁이면
홀로 휘파람 불며 거닐던 둑길
미호천 바람 소리와 금강 물결 소리는
이제 아득한 추억의 그림자로 남아
그리움 더해 가겠지요

초록빛 산길 따라
당신의 육신은 떠나갔어도
달빛과 어깨동무하고 찾아갔던 공동묘지와
시골길 촌 돌 위에 내려앉던 노을빛은
오늘도 변함없이 빛바랜 세월의
추억으로 남아 있습니다

시인이여, 천생 시인이여!
아직 못다 한 말 있거든
저승길 어디쯤 한 송이 시꽃으로 피어
어지러운 세상길 밝혀 주소서

문득 멀어져간 당신의 길 위에
질긴 인연의 끈 풀어놓고
먹먹한 가슴 다독이며
아픈 세월의 강을 건너가렵니다

스쳐간 바람의 행방은 찾을 길이 없지만
함께했던 날들의 모습은 마음속에 살아 있어
당신이 우리 곁을 떠나갔어도
우리는 당신을 잊을 수 없습니다

강신용(姜信龍) / 시인

- 출생 : 충남 연기(현 세종특별자치시)
- 경력 : 대전시인협회 회장, 우송정보대학교 문예창작학과에 10여 년간 출강
- 데뷔 : 1981년 현대시학(시)
- 시집 : 가을城(1985), 빈 하늘을 바라보며, 복숭아밭은 날 미치게 한다, 나무들은 서서 기도를 한다, 어느 날 여백, 바다의 힘, 목이 마르다, 바닥의 힘
- 수상 : 대전문학상, 허균문학상 본상, 대전시인상, 한성기문학상, 대전펜문학상, 백지시문학상
- 현재 : 한성기문학상운영위원장, 대전문인협회, 대전문인총연합회, 대전시인협회, 대전펜 等 회원, 문경출판사 대표

송현이

강영환

국립박물관 가야 특별전에서
해골로 남겨진 가야인 두 사람을 만난다
본명은 찬란하지 않았지만 내 곁으로
천오백 년 전 침묵이 풀려 나온다
나는 왜 이들 앞에 서 있을까

한 소녀를 데리고 집으로 왔다
눈이 움푹 팬 두개골은 싸늘하지 않고
잇몸 다 드러내고 웃는 소녀다
나를 만나기 위해 흙 속에서 웃음을 다듬으며
많은 시간을 견뎌 내었다
울분을 삭히며 침묵을 견뎌 내었다

그녀는 생전에 어떤 일로 주인과 동행이 되었을까
자기 생을 다하지 못하고 끊어진 신발 끈을 버렸을까
소녀에 골똘하다가 나는 물이 되고
물은 내가 되어 서로를 노려 본다
물의 목마름을 생각하다 나의 목마름을 발굴해 들어가본다

나는 송현이만큼 커다란 목마름을 느껴 보았는가
어둠에 대하여 또는 빛에 대하여
오랫동안 기다리며 화석이 될 수 있을까

내 안에 부는 바람을 만난다
목마른 송현이 하얀 웃음이

*송현이 : 창녕 송현리 가야 고분 15호분에서 순장된 16세 가량
의 소녀 미라

강영환(姜永奐) / 시인, 시조시인
- 출생 : 1951년 경남 산청
- 학력 : 동아대학교 경영학과 졸업
- 경력 : 부산민예총회장 역임
- 데뷔 : 1977년 동아일보 신춘문예 시 「공중의 꽃」으로 등단. 1979년 ≪현대문학≫시 천료 (필명 : 강산청), 1980년 동아일보 신춘문예에 시조 「남해」당선
- 시집 : 붉은 색들, 술과 함께, 칼잠, 불순한 일기 속에서 개나리가 피었다, 쓸쓸한 책상, 이웃 속으로, 황인종의 시내버스, 눈물, 뒷강물, 푸른 짝사랑에 들다, 집을 버리다, 산복도로, 울 밖 낮은 기침소리, 집산 푸른 잿빛, 내 안에 파도, 내 밖의 바다, 나에게로 가는 꽃, 침묵, 서쪽 外 다수, 바다시집 『푸른 짝사랑에 들다』 등과 『현대시』, 씨디롬 『블랙커피』, 지리산 연작시집 『불무장등』, 『벽소령』, 『그리운 치밭목』 等. 시조집으로 『북창을 열고』, 『남해』, 『모자 아래』 등 다수, 산문집 『술을 만나고 싶다』 等
- 수상 : 이주홍 문학상, 하동문학작품상, 부산작가상, 부산시인상, 부산시문화상 外 다수
- 현재 : 한국작가회의, 그림나무, 얼토시 等 회원. ⟨열린시⟩ 동인, 계간 ≪시와소금≫ 자문위원 / 희망연대 예술위원장 및 공동대표(2003~)

날 선 검처럼

고안나

천국 아니면 이제 우리는
다시는 만날 수 없다
날 선 검처럼 단호하게 하시던 말씀
아니, 절규에 가까웠던
97년의 생은 붉은 노을 속으로
힘없이 풀어지고 있었다

사람 살리는 좋은 시 한 편은
구름 같은 인생을 윤택하게 하는 법이거든
시(詩)도 생명이 빠지면 파이야
죽어 천년은 산 하루보다 못해
명 떨어지면 다 그만이지
막힘없이 시 한 수 줄줄 엮으시던 분

나이 들수록 밉지 않게 늙어가고 싶다며
개구쟁이 아이처럼 웃으시던 아버지
나의 종교 내 시(詩)의 원천
날선 검처럼 번쩍이던 그 눈빛
이젠 어디 가서 뵈올꼬

고안나(본명 : 고혜은) / 시인, 시낭송가

◆ 데뷔 : 시에(시)
◆ 시집 : 양파의 눈물, 따뜻한 흔적, 전자시집 : 기억을 묶어둔 흔적, 시낭송cd : 추억으로 가는 길, 추억 속에서
◆ 수상 : 중국 도라지 해외문학상, 한중 문화예술교류공헌상, 경기문창문학상, 백두산문학상, 부산시인 작가상, 중국 하얼빈 송화강 해외문학상, 한반도문학대상
◆ 현재 : 김민부문학제운영위원장, 작가와문학 편집주간, 동북아신문 기자, 대전 투데이(칼럼니스트), 재중동포문인협회 고문

큰별
— 아버지 구인서(具仁書)

구순자

아버지는 농부셨다

배움은 어둠이었지만
가족을 사랑하는 것만큼은
남들보다 뒤지지 않은 일등 아버지

이른 새벽부터 쇠시랑 들고 나가시면
저녁별 보기까지는 들어오지 않으시던
나의 큰 별님

조실부모한 아버지는
부모의 책임을 져야 하는 맏이였다
남동생 셋과 세 자녀를 키우느라 더 힘드셨을

아버지는 늘 묵묵히 일만 하셨다
열심히 땅을 파야 돈이 생기고
가족을 먹여 살려야 했기에
지독하게 살으셨던

그런 중에도 재산을 모아 논밭을 자꾸 사시고
나중에는 머슴까지 두어야만 일처리를 할 수 있었다
힘드실 때마다

새마을 담배 한 개피씩 태우셨고
배고플 때는 막걸리도 한 사발씩 들이키시고
지게로, 홀태로 가시밭길을 여셨던

오빠는 군에 다녀와 취직 준비해서 주택은행에 합격했지만
행복을 함께 하지 못하고
그렇게
새마을 담배로 힘듦을 이기셨던 아버지가
끝내는 폐암에 져서
그만 피를 한 대야 쏟으시고 돌아가셨다
나의 아버지, 그리운 아버지!
속상하게 해드렸던 아기별을 용서하소서

이제 고향으로 돌아가신 아버지
하늘나라에서 영면하소서

아버지, 보고 싶어요
보고 싶습니다

구순자(具 順子, 1958~) / 시인, 아동문학가

- 출생 : 전북 익산(함열)
- 데뷔 : 2004년 대한문학(시), 2020년 한국아동문학회(동화)
- [저서] 시집 : 나를 흔드는 것은 내가 아니다, 나를 비우는 나무, 새벽달이 아버지를, 담쟁이의 비브라토, 몽돌, 바다 이야기 等 / 동시집 : 하늘다람쥐, 땡감 하나, 동화집 : 달을 갉아먹은 다람쥐
- 수상 : 온글 문학상, 대한문학 작가상 等
- 현재 : 한국문인협회 인문학콘텐츠개발위원, 전북문인협회 이사, 전주문인협회 이사, 한국아동문학회 이사, 버팀목문학회 회장, 국제펜클럽 전북지부 사무국장 等을 역임하고, 전북시인협회, 온글문학, 기린문학, 전북문예, 전북아동문학회 等 회원

어머니

권능원

하정역에서 10분 거리
명지병원 3층 중환자실
한 뼘 남짓한 보호자대기실 유리창을 맞대고 나는 서있다

어머니는 지금
가느단 생명줄을 힘겹게 부여잡고
아슬아슬한 꿈을 꾸고 있을지도 모른다
아니, 차라리 힘들고 거추장스러운 생을 먼 하늘 별을 바라보듯,
천길 벼랑 아래로
티끌 하나 떨어져 내리는
무궁한 내면의 소리를 듣고 계실지도 모른다

경의중앙선지하철의 긴 불빛이
허공과 땅의 경계를 알리고 있다
어머니와 나의 인연이 아슬아슬하게 어둠의 허공에 걸려있는 지금
나는 어떻게 하여야 한단 말인가

천길 벼랑에 서서
어둠의 허공 속으로 두 눈을 부릅뜨고 맞섰다
해인사 해탈문을 지키고 선 신장의 긴 칼을 나는 빼어들었다

어머니의 보호자를 찾는 안내방송이

얼어붙은 내 심장에 비수가 되어 날아와 꽂혔다
찰나에 끊긴 인연 기약할 수 없는 이별에
나는 영원한 불효자가 되었다.

권능원 / 시인
- 데뷔 : 2000년 시
- 시집 : 불빛 그 그리움
- 현재 : 충남문인협회 이사, 한국문인협회, 한맥문학 等 회원

영원을 향하여
— 김용재 시인님 추모함

김길순

산책하며 행차하시며
생전의 모습 너무 선명하여
아직도 살아계신 듯,

이루신 업적 크시어
후학들 가슴에 영원히
남아계실 교수님

고뇌하며,
현실과 맞서야했던
지난날들이
야속하기만 합니다.

사랑과 고독을 함께 지니시고
머나먼 그곳에서
지인들을 바라보며

탐구하고
글 쓰시고
영작하시고
널리 펼치시고

그렇게 지내시옵소서
영원으로 사시옵소서.

김길순 / 시조시인
- 경력 : 가람문학회장, 대전시조시인협회부회장 역임
- 데뷔 : 1981년 시조문학(시조)
- 시조시집 : 흐르는 물, 벚꽃 필 무렵
- 수상 : 한밭시조문학상, 올해의 시조문학 작품상, 대전문학상, 정훈문학상
- 현재 : 한국문협, 한국시조시협, 대전문협, 대전문총, 대전시인협회 等 회원

비 오는 날

김난주

아버지 안 계신 기석농장에
매화꽃은 피어 흐드러졌다

꽃향기 무성한 봄날
사흘 내내 비 내리고

흔들리는 풍경 아래
어머니 우두커니 평상에 앉아
아버지 하염없이 기다리신다

-비가 오는데도
집에 안 들어오는 것 보믄
참말로 가 버린 기가

매화꽃 피기도 전
천국잔치 초대받아 떠나신 아버진
기다려도 아니 오시고

빈 고둥 속 홀로 남겨진 어머니
무너져 내리는 가슴 부여안고
웅웅웅 속울음 운다

김난주(金蘭珠) / 시인, 시낭송가, 도예작가 (호 : 청안淸安)
- 출생 : 1965년 경남 산청
- 학력 : 1988년 경남대학교 사범대학 국어교육학과 졸업, 1993년 한국몬테소리선교신학원 졸업, 중앙대학교 글로벌HRD대학원 강의코칭과정 수료, 대한민국 명강사 육성과정 수료, 서울기독대학교 치유상담대학원 상담심리 전공(석사과정) 수료
- 경력 : 충남도정 도민리포터(명예기자) 역임, 농림수산식품부 옥탑명예기자
- 데뷔 : 1999년 순수문학 (시)
- 시집 : 은빛 자전거, 29번 가포종점, 상처와 무늬, 나도 자연인이고 싶다, 무명시인으로 사는 것도 괜찮아
- 현재 : 뻘빛시낭송회 회장, 충남문인협회 이사, 한국시인협회, 한국시낭송전문가협회, 서안시문학회 等 회원 / 이미지업논술스피치아카데미원장, 아티스트그룹〈나오리〉도예연구원, 한국강사협회, 사임당독서회 等 회원

아버지의 추모시

김대식

약속도 예고도 없는 어느 날
천둥번개 비바람 치는 그날
회병으로 피를 하염없이 토하시며
이 세상을 작별하시며 운명하신 아버지

빈소에 국화 향기 속에 가슴 치며 통곡의 눈물
영전에 술 한 잔 바쳐도 눈물뿐 아버지 어찌해야
하나요 어떡해요 아무리 몸부림 쳐봐도 메아리뿐

꿈이 아닌 현실이라고 자식으로 효도 한번 제대로
못한 자식은 두 주먹으로 가슴만 치고 있네요
이 땅에서 다시 못 볼 아버지 죄인으로 슬픔을 참고

삼연 속에 사랑을 고백합니다.
잊지 않을 게요 국화향기 타고 천국에 이르소서
자식은 기도할 게요 저의 손 놓치지 말고
병 없는 그곳 슬픔 없는 땅 천국에 이르소서

김 대식(필명 : 야천野川) / 시인
- ◆ 출생 : 강원 영월
- ◆ 데뷔 : 2006년 수필서울, 서라벌 문협 (시)
- ◆ 시집 : 아카시아 꽃이 질 때 外 4권
- ◆ 수상 : 공채문학대상, 조지훈문학대상, 윤봉길문학우수상, 청옥문학본상 / 강릉시장 공로표창, 강원영월군수 공로표창, 영월소방서 소장 인명구조 표창, 한국문협 이사장 공로표창, 부산시장 공로표창
- ◆ 현재 : 영산 김어수 시조시인 선양회 회장, 부산청옥문협 지도위원, 한국문인협회, 새부산문인협회 等 회원

탱자나무 꽃

김명애

석삼년 시집살이
냉가슴 달래주던

장독 뒤 울타리에
하얀 꽃 가시나무

목울음
견뎌 온 세월
울 어머니 닮은 꽃

은비녀 쪽진 머리
그리운 울 어머니

새하얀 고무신에
지팡이 짚으신 길

신새벽
고개 너머로
손주 본다 오시네

봄이면 뒤꼍에는
탱자꽃 피었는데

어머니 계신 곳에
산새만 지저귀네

생전에
주고 간 사랑
어디메에 하리요

김명애(金明愛) / 시인, 시조시인 (호 : 향원香園)

- 출생 : 충남 부여(규암)
- 학력 : 규암초, 부여여중, 부여여고, 대전과학기술대 사회복지과 졸업
- 경력 : 부여도서관 고란주부독서회장, 부여교육지원청 다문화학생 한국사랑선생님, 충남학생상담자원봉사자, 사회복지사, 심리상담사, 한국어지도사
- 데뷔 : 사비문학(시), 2022년 계간시조(시조)
- 시집 : 자작나무가 있는 카페
- 수상 : 제37회 전국 한밭시조백일장 입상, 제1회 성균관 전국시조백일장 입상, 부여예술인상
- 현재 : 한국문인협회 부여지부장 겸 사비문학회 회장, 한국시조협회 회원, 한국미술협회 부여지부 等 회원

엄마연꽃
― 입관하는 어머니를 바라보며

김선순

살의 온기가 한순간에 뚝 빨간 숨이 식는다
그리운 입김이 차가운 유리창을 스치듯
어머니의 체온도 하늘로 증발한다

눈을 감은 어머니는
살구빛 미소를 품고
공주처럼 고요하게 누워
하늘 아래 가장 깊은 잠으로

무거웠던 날들과 어깨에 쌓인 세월은
우주의 속삭임과 함께
천천히, 가볍게 사라지고

차츰 물러나는 숨과
그림처럼 흐려지는 시간은
쌓아올린 생의 육신을 벗고
점점 허물어져 내린다

새벽의 이슬 같은 손길로
염습하는 자의 땀방울은
기도처럼 떨어지고

몸통 지나
배꼽 지나
팔다리 건너
손끝과 발끝으로
여덟 자식의 붉은 카네이션
꽃잎처럼 엄마 품에 꽂힐 때

엄마의 몸은
한 송이 연꽃으로 피어난다
그 꽃결을 따라
가슴 깊은 애통은 서서히 날아가고
비워진 자리마다
꽃향기로 다시 피어오른다

김선순 / 시인, 시낭송가, 시치료전문가, 독서치료전문가
◆ 데뷔 : 2015년 동서문학상(동시), 2015년 나루문학상, 2023년 문학고을(시)
◆ 시집 : 2020년 애도집 시와 이야기 『오직엄마』, 2024년 당진문화재단 올해의 문학인 선정 시집 『안부』
 / 2016년 공동치유시집 『라파트리 움』, 2020년 『라파트리 결』
◆ 수상 : 2024년 문학고을 청목문학대상
◆ 현재 : 봄봄문학상담연구소 대표, 한국독서치료상담학회 충남지부장

산에 오르며
― 아버지(故 김영배 수필가, 시조시인)를 여의고

김성숙

딸 걱정에 눈 못 감고 소천한 아버지처럼
울음 그친 여름산이 단잠을 자고 있다
수면에 내려놓아도 지워지지 않을 사랑

발길 닿는 곳마다 눈시울 붉어지고
능선을 따라 올라 넓은 품에 안기면
초록 숲 후기를 쓰며 아픈 가슴 달래시리

김성숙 / 시조시인
◆ 출생 : 충남 논산
◆ 경력 : 대전문협 이사, 금강시조문학회, 대전시조시인협회 회장, 한국시조시인협회 중앙위원, 문학사랑협의회 감사, 한국낭송문학가협회 회장 等 역임,
◆ 데뷔 : 오늘의문학
◆ 시조시집 : 『사루비아 성찬』 外 4권 / 편저 : 가족문집 『쑥잎의 찬가』
◆ 수상 : 전국한밭시조백일장 대상, 대전문학상, 무궁화벽송시조문학상, 정훈문학상 대상, 한금산문학상 外 다수
◆ 현재 : 한국시조시인협회, 대전문인협회, 대전시조시인협회, 문학사랑협의회 等 회원

미당전설(未堂傳說)

김영진

    소쩍새 슬피 우는 봄날, 선운사가 있는 고창 소요산 문필봉(文筆峯) 아래 시문학관 마당에 미당이 은근슬쩍 내려와 국화 한 분(盆) 심었다. 허구한 날 그리 즐기던 맥주 마시고 소피(所避)가 급할 때면 마당가 국화 밭에 나와 오줌을 시원하게 누었다. 그놈이 소피 먹고 어찌나 튼튼하고 실하게 자라는지 소나기 천둥에도 아랑곳 하지 아니하고 무서리 내리는 날 노란 꽃 봉오리 터트리는 것이 아닌가.* 여름 지나고 햇살이 마냥 부드러워지는 가을, 꽃은 싱겁게 웃으시는 미당 미소로 번져나갔다. 노란 국화가 하나 둘 수를 늘리어가더니 온 누리 노랑 물감으로 물들이고 있다. 질마재 고개 너머 들판 누렇게 물들이는가싶더니, 담 벽 오르는 담쟁이가 노린 노릇해지고, 질세라 느티나무 잎들이 홀랑 누런 옷으로 갈아입고 있다. 아직 성성(聖性)한 솔잎마저 누릿누릿 날 세우고, 마당 잔디도 노르스름하게 누워 겨울 채비한다. 이에 건너편 안산(案山) 미당 고택(古宅) 국화동산에도 크고 작은 꽃들이 노랗게 누렇게 물들어가고 있다. 노란 평화 꿈꾸는 미당선생이 자리에서 벌떡 일어나 파안대소(破顏大笑)하고 계신다. 국화 한 분(盆)이 꽃을 피워 그 수를 늘리어 가더니 시집간 누님이 돌아오고, 그리운 이들이 마당에 하나 둘 모여들기 시작하여 풍악 울리고, 가을마을 노랗게 물들이고 저물어가는 세상 환히 밝히고 있다.

*미당 시 「국화 옆에서」 변용

김영진 / 시인
- 데뷔 : 1979년 시집 「주님찾기」로 작품활동 시작, 2011년 《목포문학》(시),
  2022년 《한국미래문화》문학상, 2024년 《자유문학》(민조시)
- 시집 : 십자가의 길 外 6권, 산문집 : 아름다운 엔딩
- 현재 : 한국문인협회, 전북문인협회, 전북시인협회 等 회원, 미당문학 편집장

꽃잎은 떨어져도
― 어느 시인의 영전에 바친다

김완용

사나운 바람은 꽃잎을 지울지라도
우리는 그 꽃의 이름을 지울 수 없습니다

어느 날 문득 내게로 다가와
생명의 말씀이듯 건네준
당신의 시어들은 비늘을 털며 빛났습니다

당신의 눈빛에서
세상의 어둠은 잦아들고
민들레 홀씨처럼 날아간 말씀들은
이 땅에 뿌리를 내렸습니다

이제, 코스모스 허리 흔들리는
햇볕 따가운 계절이 와서
산등성을 밟고 내려오는 찬바람에
가슴속 깊이 일렁이는 당신의 모습
거룩한 말씀으로 남았습니다

흩어지는 가을꽃향기 속으로
당신의 육신은 떠나갔어도
당신이 남긴 말씀들
어둠을 지우며 달려오는 아침입니다

시인이여!
아쉬워 남겨둔 말 있거든
밤하늘에 반짝이는 별꽃으로 다시 피워주오

문득 사라진 당신의 길 위에
족적 선명한 징검돌 하나 놓고
못 다한 말 다독이며
오늘을 건너가렵니다

사나운 바람은 꽃잎을 지웠어도
우리는 당신의 이름을 지울 수 없습니다.

김완용 / 시인
- 출생 : 1949년 전북 전주
- 학력 : 원광대학교 문예창작과 졸업
- 경력 : 한국공무원문학협회 회장, 계룡작가회 회장, 대전펜문학 운영위원, 대전문인협회 이사 역임 / 공군 준사관 예편(36년 2개월 근속), 국세청 문예대전 문학분야 심사위원장 6년 위촉 (2019~2024)
- 데뷔 : 1965년부터 월촌 이기반, 신석정 시인으로부터 시 쓰기 사사, 2001년 좋은 문학(시) 재등단
- 시집 : 『들녘에 부는 바람』 外 14권, 시선집 : 『기억의 마디』, 수필집 : 『그 길 문득』
- 수상 : 충효백일장 일반부 금상, 황희문화예술상 시부문 본상(2009. 국제문화예술), 한국시인상(2005), 무원문학상 시부문 본상(2012), 대전펜문학 문학상(2019), 금남문학상(2022), 대전시인상(2023) / 보국훈장 광복장 수훈(2005, 대통령), 대전 문인 사진영상 2022년 아카이빙 선정작가
- 현재: 한국현대시인협회 이사, 원불교문학 부회장, 순수문예지 ≪창작세계≫ 편집인, 시와 수필마당 고문, 좋은문학작가회 명예회장, 백지문학 운영위원, 대전시인협회 심의위원, 국제펜클럽 한국본부, 한국문인협회, 원광문학회, 청문학회, 대전문인협회, 대전문인총연합회 等 회원 / 한국골프전문인협회 전임교수

별들의 고향

김완하

　어머니는 집 가까운 콩밭에 김을 매시고 저녁이 되어서야 맨발로 호미와 고무신을 들고 돌아오셨지요 우물가 빨랫돌 위에 고무신을 닦아 놓으시고, 하루의 피로를 씻으시던 저녁, 땅거미가 내릴수록 더욱 희게 빛을 발하던 어머니의 고무신의 땀 밴 하루가 곱게 저물면 이제 막, 우물 안에는 솔방울만한 별들이 쏟아지고 갓 피어난 봉숭아도 살포시 꽃잎을 사리는 것이었지요

　지금 우물은 자취 없이 사라지고 말았는데, 싱싱한 꿈 길어 올릴 두레박줄 내릴 곳 없는데, 이제는 그곳에 서보아도 뒷산 솔바람 소리도 들리지 않는데, 나의 저 어린 시절 어머니의 흰 고무신이 빛나던 저녁, 우리 집 우물에서 솟아나던 별들은 다 어디로 간 것일까요

김 완하(金完河) / 본명 : 김창완(金昌完) / 시인, 문학평론가, 문학박사
- 출생 : 1958년 2월 13(음력) 경기 안성(공도)
- 학력 : 평택고 졸업, 숭전대학교 국어국문학과 및 한남대학교 대학원 박사과정 졸업,
- 경력 : 숭전대학교 청림문학동인회장, 1989년부터 한남대학교, 대전대학교, 배재대학교, 침례신학대학교, 건양대학교, 을지의과대학교, 우송대학교, 대전신학대학교 등에서 시간강사와 겸임교수를 역임하다가 2000년 3월부터는 한남대학교에 신설된 문예창작학과 교수, 한남문인회장, UC 버클리 객원교수(2009~2010), 한국문예창작학회 부회장(2011~2015)
- 데뷔 : 1987년 문학사상(시)
- [저서] 시집 : 길은 마을에 닿는다(1992), 그리움 없인 저 별 내 가슴에 닿지 않는다(1995), 네가 밟고 가는 바다(2002), 허공이 키우는 나무(2007), 절정(2013), 집 우물(2018), 마정리 집(2022), 시선집 어둠만이 빛을 지킨다(2008), 꽃과 상징(2019) 등 다수 / 평론집 : 한국 현대시의 지평과 심층(1996) / 비평집 : 현대시의 지평과 심층, 중부의 시학, 한국 현대시와 시정신(2005), 연구서 : [신동엽 시 연구], 그 외의 편저 및 공저 : 긍정적인 밥, 시창작이란 무엇인가, 현대문학의 이해와 감상, 현대시의 이해, 시창작의 이해와 실제, 생으로 뜨는 시(1, 2), 김완하의 시 속의 시 읽기 1 (2014), 김완하의 시 속의 시 읽기 2(2015), 김완하의 시 속의 시 읽기 3(2016), 김완하의 시 속의 시 읽기 4(2017), 김완하의 시 속의 시 읽기 5(2020), 김완하의 시 속의 시 읽기 6(2021), 김완하의 시 속의 시 읽기 7(2022), 김완하의 시 속의 시 읽기 8(2023), 2023년 8월 31일 한남대학교 국어국문창작학과 교수 정년퇴임 기념으로 제자들이 엮은 시세계 『김완하의 서정과 사유의 깊이』 및 공동 작품집 『사이꽃』 간행
- 수상 : 한남문학상, 소월시문학상 우수상(2005), 제12회 시와시학상 젊은시인상(2007), 제22회 대전시문화상(문학부문 / 2010), 제11회 충남시협 본상(2018) 등 다수
- 현재 : ≪시와정신≫편집인 겸 주간, 시와정신아카데미 대표, 문학사상문학회 회장, 큰시 동인, 한남대학교 명예교수

현충지(顯忠池)

김용호

노송 아래
눈향나무 짙게 깔리고
인공폭포는 메아리 없는 울음을 토하는데

석양 연못 물속
거꾸로 선 느티며 참나무 앙상한 가지가지
가라앉는 것은
먼저 간 영혼뿐만 아니라는 듯

산 영혼과
산화한 영혼이
상념 속에서 함께 쉬어가는 연못가 정자

죽기 전에사
길가 민들레가 눈에 밟혔다고 썼던
시인 박백대령
저기 조화 무더기 너머 잠들어 있다

당신을 향한 아쉬움이 물빛 하늘을 건너간다

어둠이 내리는 둥근 나무의자에
한 마리 고양이처럼

발을 벗고 앉았다가

김용호(金容鎬) / 시인
◆ 출생 : 경남 합천
◆ 데뷔 : 2011 문예운동(시)
◆ 시집 : 살아있다는 것은(2015), 기다림은 단단했다(2023)
◆ 현재 : 한국문인협회 회원, 충남문인협회 이사, 충남펜 이사, 대전청하문학회 회장

하늘 연못

김은수

보고 싶어 하늘을 본다
그리워 구름 타고 찾아가는 곳

절로 뚝뚝 떨어지는 설움
연못이 넘치면
비가 되어 나를 적신다

하늘 연못 참 크기도 하다
세상살이 모두 거기 있고
세상 얘기 사연들 헤엄치고 노는 곳

사랑할수록 깊어지고 넓어지고
사랑하기에 꽃들 숨 쉬고 노래하니
무지개다리 변함없이 내 맘속에 놓여 있다.

김은수 / 시인
- 출생 : 경북 의성
- 데뷔 : 2003년 시사문단(시)
- 시집 : 모래꽃의 꿈, 하늘 연못, 염화 미소, 발바닥 지도, 시선집 : 무화과나무 닮았다
- 수상 : 제1회 후백황금찬 시인 추모문학상, 한국불교문학상 대상, 경북문학상, 문학세계 문학공로상
- 현재 : 은점시문학회 회장, 《신문예》지도위원, 《작가와 함께》주간, 《은점시학당》발행인, 《문학세계》심사위원, 한국현대시협 이사, 한국문인협회, 국제펜한국본부, 경북문인협회, 대구문인협회, 의성문인협회 等 회원

그리운 어머니

김은실

모진 세월, 무뎌진 마음이련만
어머니가 그리운 마음은
겨울바람만큼 시립습니다

어머니가 되고서야
어머니가 세계시던 그 자리에 서니
어렴풋 어머니의 마음이 느껴집니다

우당탕 손주들의 발소리
거실에 사브작거리는 며느리들
모두가 사랑스럽기만 한 명절엔
어머니가 한 없이 뵙고 싶습니다

추억의 시간들을 쌓아두고
자신들의 둥지로 향해가는 아이들에게
'고마워, 수고 했어. 조심히 가' 하고 돌아서니

내 눈 앞에
잘 가라고 손 흔드시던 어머니가 오십니다

어머니 떠나신 지 어언 이십년
세월의 흔적이 쌓일수록

더 또렷이 살아오시는
내 어머니

모두 떠난 빈자리 우두커니 앉아
가만히 어머니를 불러봅니다

희·로·애·락 찾아와 손잡을 때면
무한 그립기만 한 내 어머니

김은실 / 시낭송가, 시낭송전문가, 시낭송지도자
◆ 출생 : 1964년 4월 20일 충남 부여(은산)
◆ 학력 : 부여여자고등학교 졸업
◆ 수상 : 풍류가객 시낭송대회 은상, 온누리시낭송전국대회 금상
◆ 현재 : 한국문인협회 부여지부 & 사비문학회, 부여시낭송회, 부여시낭송가협회, 충남시낭송가협회, 정한모시인기념사업회 等 회원 / 마임화장품 · 건강식품 부여센터 대표

친정아버지

김인희

내가 어렸을 때 당신은
웅장한 산이었고 푸른 하늘이었습니다.
사계절이 파노라마처럼 펼쳐지는 산골에서
당신 슬하에 뛰놀던 유년은 보물섬이었습니다.

엄마를 동구 밖 양지에 누이고
자식들은 민들레 홀씨처럼 떠났습니다.
홀로 고향을 지키고 선영을 돌보고
출가한 여식은 손님처럼 다녀갑니다.

당신의 모든 것이 잿더미가 되고
의지하고 싶었던 아들은 꿈이었습니다.
우리 집에서 이틀 지내고 작은 새처럼 떠나던 날
작은 가방과 지팡이가 눈물 속에 아른거립니다.

내가 어렸을 때 들었던 엄마 말씀
네가 아들이었으면 좋으련만……
그 말씀 마음 밭에 씨앗으로 뿌려지고
이제 결실의 때가 되었습니다.

하늘이 감동한 착하게 살아온 날들
무사히 대출받아 송금하고 뜨거운 눈물 닦습니다.

견고하고 아름다운 집이 완공되는 날
노래하겠습니다. 춤을 추겠습니다.

김인희(金仁喜) / 수필가, 시인, 시낭송가, 칼럼니스트, 문학박사 (호 : 지온Zion, 영원影園)
◆ 출생 : 충남 청양(남양)
◆ 학력 : 백금초·동영중·청양여상 졸업, 한국방송통신대학교 영어영문학과 졸업, 건양대학교 대학원 사회복지학과 졸업, 중부대학교 대학원 국어국문학과 박사과정 수료
◆ 경력 : 충남문인협회 사무국장, 한국문인협회 부여지부 겸 사비문학회 사무국장, 덕향문학회 편집국장, 사임당방과후교실 교사
◆ 데뷔 : 2011년 문학공간(수필), 문학사랑(시)
◆ 수필집 : 지금은 사랑할 때, 별을 찾아서 / 논문집 : 박경리『土地』에 나타난 한국어문화문법(2024)
◆ 수상 : 덕향문학 대상, 한반도문학 최우수 작품상, 한국어사랑 세계시낭송대회 대상, 청남도 도지사상
◆ 현재 : 정한모시인기념사업회 사무국장, 한반도문학 사무국장, 부여시낭송회, 부여시인협회, 부여문인총연합회 等 회원, 그리고 JB어학원 한국어 교수, 〈시정일보〉, 〈충남신문〉 칼럼니스트, 충청효교육원 전임교수, 아동학대예방협회 충남부여 지부장, 부여군 위촉 아동인권 & 청소년인권 강사사회복지사, 다문화가정복지상담사

광야의 기도

김일형

서산 부성사 사당, 황태포에 막걸리 따르고 큰절 올린다

천고의 뒤에 백마 타고 온 초인이 있어
광야에서 목 놓아 부르게 되리라는 것을 264번 죄수
이육사 선생은 알고 있었는가

고운 최치원
신라 경주 857년 세상에 나와 12세에 당나라 유학길에 올라
18세에 장원급제하여 이름을 떨쳤다
황제의 명을 받아
토황소 격문으로 황소의 난을 진압하니 당나라를 구제한 공신이 되었다
쏜 화살처럼 흘러가는 세월 속에
고향 소식 그리워 목선에 몸을 싣고 단숨에 달려왔으나
성골 진골의 당파싸움에 조정의 뿌리가 흔들리고
왕은 천재를 귀히 쓰지 못함을 탄식한다
변방으로 떠돌아다니던 고운 스승이 서산 부성 태수로 근무한 인연이
오늘에 이르렀으니

아, 이제 천년이 흐르고 백 년이 더해진 날에
젊은 초인이 당대 최고의 문창후 고운 최치원 선생을 스승으로

모시고

이 시대의 광야에서 새 노래를 부르고자 하나이다

오늘 이 시간 이후로 부르는 노래는
고운 최치원 영적 스승의 광야
이육사의 광야
산울 김일형의 광야를 목 놓아 부르고자 고하나이다

고운 스승이시여
부디 흠향하시고
영혼의 교감을 허락하여 주시옵소서

김일형 / 시인, 소설가, 교육학박사

◆ 출생 : 충남 서산
◆ 경력 : 2023 서산-시와 함께 걷는 길 추진위원장, 중등교원으로 퇴임
◆ 데뷔 : 2021년 《시》 제1회 윤동주 신인문학상(시)
◆ 시집 : 눈발 날린다 풀씨를 뿌리자, 밤의 경계, 이름 없이 이름도 없이』, 천년 스승 고운 최치원
◆ 현재 : 충남문인협회 사무국장, 우보 민태원기념사업회 부회장, 서산문학 편집위원장, 충남시인협회 사무간사, 그리고 산사시문학회, 서산시인회, 서울시인협회 等 회원

어머니 3

김재하

내가 누구냐는 물음에
한참 동안 눈 맞춤
우리 아들이라며
스러지는 기억
새끼손가락에 겨우 묶었네

아픈 데는 없느냐는 물음에
고개를 가로젓는데.
육남매 건사하고 남은 덕대*
된더위 지나고 섣달 아궁이
하얀 부지깽이로 남았네

육 인실 반 평 돛단배
아홉 번 초승 달밤 헝클어진 항해
갑판 위엔 일등 요리사
숟가락 없는, 하얀 죽 만찬뿐이네

오줌 마렵다는 말에
기저귀 하셨어요 귀엣말
낯설고 물선 표정 너머
정신은 붙잡으려
팔십육 년 세월을 뒤척거리네

어머니, 갔다가 이따 올게요
무표정한 몸짓인데.
가지 말까요 어머니,
끄덕이는 고개, 잡은 손을 꼭 잡는데
까마득한 기억 서쪽
떨리는 초상(肖像)은 세우고
오랜 눈 맞춤은 또 쓰러진다

내가 누구냐는 물음에
한참 동안, 희미한 과거를 세워
우리 아들이라고
모정(母情) 뒤편 기억
새끼손가락에 다시 묶는다

＊덕대: 신체(身體)의 전남 방언

김재하 / 시인, 수필가
◆ 경력 : 경찰공무원 퇴임
◆ 데뷔 : 2012년 국보문학(시), 2019년 한국문학시대(수필)
◆ 시집 : 기억 뒤편의 대화
◆ 현재 : 한국문인협회 금산지부 부지부장, 한국문인협회, 대전문인총연합회 等 회원

꽃살문 사이로

김한중

찻잔에 눈물을 따랐습니다
눈물에 달이 차니
늙은 아버지의 통증이 머리를
쓰다듬습니다

금방 오실 줄 알았습니다
읍내에 잠시 마실 나가
생선 두어 마리 들고 오실 줄
알았습니다
생선의 대가리만 방향을 잃은 채 납작하게
길 위에 서성입니다

쉬 오실 뜰 안에는
맨드라미와 채송화 피고 또 씨를 맺고
계절 잃은 코스모스가
안방 창오지 문에 꽂힌 채
기다립니다

풀 먹은 날 선 무명 이불깃
달의 공전에 얇아지고
이가 시린 달만 사무치게
온몸을 휘감습니다

식어버린 찻물을 다시 부을 때쯤
가슴에 익은 인기척이 들립니다
바람도 알고 있는 따뜻한 목소리
꽃구름 등지고 걷는
아버지 닮은 나는
민둥산 같던 당신 닮은
집 한 채 지어 놓습니다.

김한중 / 소설가, 시인
- 경력 : 한국문인협회 서천지부 지부장
- 데뷔 : 2023년 제75회 ≪한국소설≫(소설), 2024년 제40회 ≪공무원문학≫ 신인작품상(수필)
- 수상 : 2023년 제31회 충남문학상 작품상(시), 2024년 신예작가 선정(소설), 2024년 제14회 신무군산문학상 대상(소설) / 2023년 아시아 태평양지역 국제학술지 국제학술상
- 현재 : 한국문인협회 충남지회 이사, 한양대학교 상담심리대학원 교수

전봉건·3
- 눈씻기

노수빈

하늘 한가운데
높이 떠서
울음 타는
종다리

돌 한 점 들어올려
강물에 씻고
푸른 여물 물에 씻는
두 손

돌밭 한가운데
우뚝 서서
홀로 타는 먹빛돌 한 점

노수빈 / 시인
- 출생 : 1947년 충남 공주
- 학력 : 명지대학교 상학과 졸업, 명지대학교 사회교육대학원 문예창작과(시창작 전공)
- 경력 : 백마문학 이사, 명지문인회 회장, 창조문학 운영위원, 창조문학 이사, 국제펜 한국본부 충남위원회 부회장, 그리고 중도일보와 충청투데이 칼럼 집필
- 데뷔 : 1982년 현대시학(시)
- 시집 : 두고 온 산(1978), 우리들의 잠, 사랑이라는 영혼으로, 꽃이여 바람이여 아 사랑이여, 꿈꾸는 돌 / 에세이집 : 말하라 사랑이 어디서 왔는가, 살아 있어 행복해 등
- 수상 : 2022년 충남펜문학상
- 현재 : 창조문학 이사, 한국문인협회. 국제펜 한국본부, 한국시인협회 등 회원

일모(一茅) 선생님을 기리며
– 겸허하고 고귀한 인품의 시인 학자

도한호

일모 선생이 문화공보부 장관을 지내시던 1988년 가을에, 대전 구 도청 청사에서 장관 초청 보고회 겸 세미나가 열렸다. 그런데, 질의응답 시간 끝에 나와 평소에 소통하며 지내던 J 일보의 P 수행 기자가 화급한 일로 자리를 떠나면서, 옆자리에 앉은 내게, 예정된 장관과의 인터뷰를 부탁했다.

보고회가 끝난 직후에, 나는 특별히 마련된 별실, 장관의 비서가 배석한 자리에서 부탁받은 몇 가지 질의를 했고, 장관께서는 간단하면서도 명확한 답을 주셨다.

자리에서 일어나면서, 장관은 자신의 비서와 나를 번갈아 바라보시며, 오히려 내게 인터뷰를 속히 끝내주어 고맙다며 손을 내미셨다. 그의 소탈한 인품이 아름다웠다.

선생은 근엄해 보이는 풍모에도 처음부터 끝까지 높임말을 쓰셨고, 곤란한 질의에는 답을 피하지 않을까 염려했으나 미소 띤 얼굴로 하나하나 의견을 말씀해 주셨다

안타깝게도, 일모 선생은 그로부터 3년 후, 선생이, "어머니는 눈물로 진주를 만드신다"고 고백한 그의 자당, 마리아 여사가 기다리는 하늘나라로 가셨다. 참으로, 겸허하고 고귀한 인품을 지닌 시인이요 학자요 행정가셨다.

며칠 후에, 내가 보낸 인터뷰 원고를 받은 P 기자가 만족해하며 감사했다.

도한호(필명 : 星山) / 시인, 철학박사 (호 : 남재 南齋)
- 출생 : 1939년 경북 경주
- 학력 : 대전대학교(현 한남대학교) 영어영문학과, 침례신학대학교 신학대학원, 경희대학교 대학원 영어영문학 졸업(석사학위), 미국 미드아메리카 신학대학원에서 Ph. D. 학위 받음
- 경력 : 침례신학대학교 교수(대학원장) 및 총장 역임, 한국신학대학교총장협의회 회장, 목산문학회 회장(1994), 미래시 동인, 한남문인회 회장
- 데뷔 : 1961년 중도일보(시), 1964년 시문학(시), 1983년 월간문학(시)
- 시집 : 언어유희 外 다수 / 수필집 : 명작 속의 인생관 等 다수 / 동화집 : 이상한 그림, 역서 : 죽음 후의 아침
- 수상 : 대전시문화상(2001)
- 현재 : 한국문인협회 자문위원, 국제펜 한국본부 이사, 한국시인협회, 대전문인협회, 대전시인협회, 대전펜 等 회원 / 미래세종일보 주필

곡비(哭婢)

류인채

늦은 문상객들이 돌아갔다
한 줄로 늘어선 화환은 뜬눈으로 밤을 밝히고
향도 끝까지 몸을 사른다
식구들이 슬그머니 눈을 붙이러 간 뒤
혼자 영안실을 지킨다
엿새 전 논문 최종심에 통과했다는 소식에
내 딸 최고다, 너 박사 딸 때까진 살아야지
엄지손가락 치켜들던 아버지
영정과 마주 앉아
하염없이 흘러내리는 마음을 추스른다
울컥 치미는 눈물을 참는데
어디선가 귀뚜라미 운다
천지 사방은 고요하고
입동도 지났는데
차가운 달빛을 굴리는 저 곡소리
늦비에 간간 젖은 길
차바퀴 소리에 잠시 끊어지고 이어진다
저 울임에 이 밤이 다시 살아난다
아버지는 생시처럼 온화한 미소로 내려다보시고
성실한 곡비(哭婢)는 새벽이 온 것도 모르고 운다
또록또록 운다

류인채 / 시인, 문학박사

◆ 출생 : 충남 청양
◆ 학력 : 인천대학교 대학원에서 문학박사 학위 받음
◆ 경력 : 경인교육대학교, 성결대학교, 협성대학교 외래교수 역임
◆ 데뷔 : 1998년 문학예술(시), 2014년 문학청춘(시)
◆ 시집 : 『흑두루미 날다』 포함 5권 / 연구서 : 정지용과 백석의 시적 언술
◆ 수상 : 2014년 인천문학상, 2017년 국민일보 신춘문예에 시 「돋보기」 당선,
  2024년 충남시인협회 작품상
◆ 현재 : 학산문학 편집주간, 한국문인협회, 인천문인협회, 충남시인협회, 문학청춘작가회,
  내항문학회, 남동문학회 等 회원

자네 먼저 왜인가?
- 친구를 보내며

류준식

산처럼 높은 정리(情理) 강처럼 깊은 침묵
붙잡지 못한 오열(嗚咽) 가시로 솟는 아픔
이담에 내가 설 자리 자네 먼저 왜인가

활활 타는 불길 속에 생인연 다 사르고
반 편 땅 그도 많다 한 줌으로 갈아 붓나
내 언제 놓고 갈 정을 많다 적다 하겠나

돌아선 발길 아래 허방만이 밟히는가
손사래 없는 하산(下山) 겹진 골 회한(悔恨) 첩첩
내 잠시 들른 이승길 영원 속의 점 하나

어둠길 어찌 가랴, 불 밝혀 못 주었네
길벗 없는 여정인데 동행 못한 겉정인 걸
이 훗날 다시 보거든 연(緣)이 없다 하게나

류준식 / 시인, 시조시인, 수필가 (호 : 혜산)
◆ 출생 : 전북 완주
◆ 경력 : 초등학교 교장 정년퇴임
◆ 데뷔 : 한국시(시), 한국시(시조), 한맥문학(수필)
◆ 시집 : 고향은 부른다 / 어디 너뿐이랴, 한 획을 긋자는데, 창문을 등에 지고, 어머니의 강, 나목,
 연리지, 아리울 / 아리의 눈물 外 다수
◆ 수상 : 매월당문학상, 황희문화예술상, 릴케문학 대상, 에피포도문학상 外 다수, 황조근정훈장
◆ 현재 : 전북 익산에서 꽃나무들과 더불어 유유자적(悠悠自適)하면서 지냄(젊은날에 쓴 자작시조 노랫말
 동영상제작 작업)

『산바람 소리』가 들립니다
― 백강 조남익 시인을 추모하며

문희봉

충남교육청에서
청양정산고등학교에서 뵙고 가르침 받은 세월 많이도 흘렀습니다.
문협 행사에서 시상하시던 모습이 또렷합니다
『산바람 소리』가 들리고
『풀피리』 소리 들립니다
『나들이의 땅』에서
『눈빛의 말』을 하시던 모습
『짐의 연가』는 가슴에 촉촉함을 주시고
『하늘에 그리는 상형문자』가 보입니다
『푸른 하늘』이 무대 배경으로 선명하게 보입니다
교육과 문학
시인 님의 생애는 대한의 사나이로서 독보적이었습니다
후진을 위한 넉넉한 가르침을 잊을 수 없습니다
한밭도서관에의 문학 강좌
앉으나 서나 작품다운 작품으로 승부해야 한다 하시던 말씀
귓가에 쟁쟁합니다
대전문인협회 창립
대전문학상 제정 수상
대전시문화상 문학 분야 독립
대전문학 발간 등
대전문학에 쏟으신 열정을 기억합니다
생과 삶은 한 편의 시라는 말씀

신선한 이미지의 창조
구도적인 삶의 추구
전통 재발견으로 한국문단의 거목으로 우뚝 자리하셨습니다
한국문단에, 한국교단에 남겨진 따스한 사랑의 흔적들이
우리의 마음속에 고스란히 살아 있는
이별의 골짜기 저 위
영롱한 무지개로 피어
세월이 흘러도
영영 잊히지 않을지니
계절이 수없이 바뀌어도
싱싱한 그리움으로 되살아오리니
큰 족적 남기시고 떠나신 시인 님
오래도록 그 깊고 위대한 뜻 지워지지 않을 것입니다

문희봉(文熙鳳) / 시인, 수필가
- 출생 : 충남 당진
- 경력 : 대전광역시문인협회 회장 역임
- 데뷔 : 1990년 한맥문학(시)
- 시집 : 당신을 닮았습니다 外 6권
- 수상 : 素雲문학상, 眞露문학상, 대전광역시문화상(문학), MG문학상, 월간문학상
- 현재 : 한국문인협회, 한국시인협회, 대전시인협회, 공주문인협회 等 회원

기강 가녘에서

박영춘

하나둘 쓰러지는 통나무 물끄러미 바라보던
푸른 강가, 푸른 들녘, 초록 풀잎, 푸른 풀꽃
의연히 일어나 푸른 산하 초록빛 삶 지켰다

찬바람 치받고 다시 일어나 빛나는 풀잎이슬
숨었다 때맞추어 오롯이 싹트는 옹골찬 풀씨
민족의 한 맺힌 설움 품어 안은 끈질긴 풀꽃
기강 가녘 푸른 들 초록 풀꽃 붉게 물들였다

날아오는 칼바람 풀잎 한 장으로 막았다
쏟아지는 억울한 핏물 기강 물에 헹구었다
땅바닥에 엎드린 목마름 초근목피로 달랬다
다함께 잘살자 동료 부르는 사슴울음소리
평화스런 삶의 길 자유 찾아 몸부림쳤다
핏방울은 튀어
흰옷 입은 겨레가슴 흰옷자락 붉게 적셨다

드디어 푸른 들녘에 꽃은 피었다
뜨겁게 환하게 붉게 피었다
의롭게 당당하게 거룩하게 피었다

의병의 혼, 백의 혼, 풀꽃의 혼

푸른 들판에 아름다이 꽃피어 향기 풍긴다
먼저 간 꽃들의 아픔, 고뇌, 향기, 이슬, 꿈
그들먹이 품어 안은 의령 기강 물줄기
멎지 않고 흐르는 물소리 구구절절 애달프다

박영춘 / 시인 (호 : 야우)
- 출생 : 1946년 12월 18일 충남 서산
- 데뷔 : 2000년 창조문학(시)
- 시집 : 지푸라기를 잡고서, 들소의 노래, 아지랑이 고개 너머 저만치, 패랭이꽃, 아스팔트 위에 핀 꽃, 들꽃 향기, 석류의 절규, 이파리가 말하다 等 / 산문집 : 마음나들이 생각나들이 外 / 편저 : 서산시 새마을운동사 等
- 수상 : 김영랑문학상, 창조문학대상, 참여시문학상, 옥로문학상, 서산문학상 等
- 현재 : 한국문인협회, 한국공무원문학협회, 계간문예작가회, 한국시인연대 等 회원

아득하고 붉은

박재화

어른이 되어서도 같이 살자
강아지풀로 덜미 간질이며
어깨동무 고갯길 넘었는데
임마, 너 먼저 가면 어떡하냐
앞뒷집 오순도순 살기는커녕
한 해에도 몇 번 만날 동 말 동
비록 사나운 세월 탓이라 해도
네 아내랑은 밥도 한 끼 못 먹었구나
아이들 얼굴은 언제 봤는지 가물가물
그래도 그렇지 이리 떠나면 어떡하냐
쿨럭이는 밤의 강물에 우리 등불 띄우던 때
기슭 밝히며 한참을 흘러가는 불길
손뼉 치며 따르던 때를 뒤로 하고
연산역(連山驛)에 빠방 틀던 날처럼
임마, 어찌 그리 서두른 거냐
지금은 너랑 보던 풀꽃들도 자취 없고
차라리 눈이라도 오실 걸
혼자서 가슴만 비어 있다
아무래도 우리는 저승에서나
이웃해서 살아야 되나보다
네 아득하고 붉은 지붕 발치에
해동을 기다리는

몇 줄기 강아지풀.

박재화(朴在和) / 시인
- 출생 : 1951년 충북 보은
- 학력 : 대전고, 성균관대 경영학과 및 같은 대학원 졸업
- 경력 : 두원공대 교수 역임, 동부화재 보상센터장
- 데뷔 : 1984년 현대문학(시)
- 시집 : 도시의 말, 우리 깊은 세상, 전갈의 노래, 먼지가 아름답다, 비밀번호를 잊다, 새벽이 새 떼를 날릴 때까지, 그리고 e북 : 비밀번호를 잊다 等
- 수상 : 기독교문학상(1996) 等
- 현재 : 한국문인협회, 한국시인협회, 국제펜 한국본부 等 회원 / 두원공대 명예교수

내 운명 같은 선생님 두 분
– 시조시인 송선영 선생님과 김학동 선생님

박정하

내 운명 같은 선생님 두 분
시조시인 송선영 선생님과
지금은 하늘나라에 계시는 김학동 선생님
두 분은 내가 다니는 초등학교에서
같이 근무하신 선생님들이시다
그 시절 어린 생각에도
두 분은 각별한 친구사이인 것 같았다
김학동 선생님은 내리, 내 5, 6학년 담임 선생님이셨다
초등5년 때, 특활시간에
나는 내가 산수를 썩 잘한 줄 알고 주산부에 들었다
주산 10전까지는 잘나가는데 그 이상은
머리가 하얘져 도저히 안 나가는 것이다
그래 어쩌겠는가
내 팔자에도 없는, 특활시간에
자칭모범생이었던 내가 땡땡이를 쳤던 것이다
알고 보니, 그 시간에 나만 땡땡이 친 것이 아니었다
다른 아이들은 다들 공부하는데
열 명 정도 아이들만은 밝은 대낮에 선생님들 눈을 피해
이리저리 몰려다니며 숨기 바빴다
발이 땅에 닿지 않은
고요한 달밤 같기도 한, 밝은 대낮이 원망스러웠다
그 공포 겪어 보지 않은 사람은 모른다

마치 우리가 도망 다니는 탈옥수 같다는 생각이 들기도 했다
그렇게 끔찍한 공포의 5학년이 지나고
6학년 때는 당연 다른 특활에 들어갔다
이때 처음 문예선생님이셨던 송선영 선생님을 만난 것이다
문예반에 들어간 첫날을 잊지 못한다
마치 바람 한 점 없는 아늑한 언덕빼기
꽃밭에 들어 앉아 있는
이루 다, 말로 표현 할 수 없는, 그런 황홀한 기분이었다
이제 불행 끝, 희망 시작인 것이다
이 때 처음 동시를 배우고, 글을 쓰기 시작했다
종이도 귀한 시절, 저 너른 하늘이 써도 써도 닳지 않은
하얀 종이 같았다
방학 숙제로 처음 동시를 써 냈는데
이 때 담임선생님이신 김학동 선생님이
여러 아이들 보는 데서
이 시는 내가 쓴 것이 아니라, 어디서 베껴 왔다 하지 않는가
이 때 나는 너무도 기뻐, 뛸 듯이 기뻤다
나중 담임선생님도 곧 인정해 주시고, 좋은 책 많이 읽고
좋은 글 많이 써라 하시며 책까지 선물해 주셨다
마치 하늘의 계시처럼의, 악몽의 추억, 땡땡이 친 것을 기화로
우연찮게 송선영 선생님과 김학동 선생님과의 인연
결정적인, 시를 어디서 베껴 왔다는

그렇게 그날로 내 운명이 결정 난 것이다.

박정하 / 시인
- 출생 : 전남 담양
- 데뷔 : 1998년 지구문학(시)
- 시집 : 살구꽃도 서러운 귀남이, 아들의 시, 겨울새 外
- 현재 : 한국문인협회, 국제펜, 한국여성문학인회 等 회원

1주년 추모일

박종선

집이 비어서
뒤 돌아 보시고
또 보시고
마음만은 두고 가셨습니다

"학교에 다녀왔습니다"
빈 방에서
아직도 듣고 계시리라 믿습니다

사슴장
텃밭은
아버님 손길을 기다리고 있습니다

만들어 주신
가재 도구마다
손때가 고여 있습니다

가시고
안 계신 집안에
두고 가신 사랑이 가득합니다

박종선(朴鍾善) / 시인, 서각작가, 수채화가 (호 : 창강滄江)

◆ 출생 : 충남 부여
◆ 경력 : 초등학교 교장 정년퇴임, 사슴과 곰 농장 운영, 백제문화단지 〈도리의 집〉(불상조각가) 운영,
　　　　〈소마타이드 유황오리농장〉 운영,
◆ 데뷔 : 문학 21(1999), 문학사랑(2004)
◆ 시집 : 하늘에 그물을 치고 싶다(2004)
◆ 현재 : 〈아빠학교엄마교실박물관〉 관장, 부여시낭송회, 부여시인협회, 부여문인총연합회,
　　　　정한모시인기념사업회 等 회원

아버지

박지현

친구들이 놀러 오면
긴 상 펴놓고 하늘천따지
공부시키셨던 아버지
무릎 꿇은 다리에 쥐 내리고
콧등에 침 바르는 친구들을 보고
이제 놀다 가거라
자리 내주셨던 아버지
텔레비전에 나오는 뉴스
퇴비증산 전국대회 1등하셨다며
눈웃음 지으시던 아버지
잘사는 농촌 이웃을 위해
그 섬에 다리를 놓아야 한다
하셨던 아버지
그 다리 위를 달리는 나
엄 마
아버지 살아계시면
몇 학년이야
느그 아부지 돼지띠 나보다
한 살 많지
그렇구나…
출렁이는 파도는
그리움 아는지 모르는지

차창으로 바람 들어온다
울엄마
주름진 이 길 넘지 못하고
갈매기 떼 울음소리만 커진다

박지현 / 시인, 시낭송가, 색소폰연주자 (호 : 눈비)
- 학력 : 대전과학기술대학교 졸업
- 데뷔 : 2018년 문학사랑(시)
- 시집 : 바다로 가는 불꽃
- 수상 : 2025 올해의 예술가상
- 현재 : 중도문인협회 부회장, 금산문인협회 시낭송분과위원장, 한국문인협회 대전지회 회원, 그리고 마음동행 문화예술협회 회장 및 유튜브 — 마음동행시예술TV 운영

엄마가 바람났다

박찬송

엄마가 바람났다
수북한 머리카락과 짙은 눈썹의
전혀 어울릴 것 같지 않은 남자
엄마가 만지고 또 만진다
엄마의 손길이 닿으면 남자가 웃는다
오일장에 열무를 이고 갈 때마다 숨겨놓고 만났던가
어머니의 눈 속에 들어 있는 조인성을 닮은 사람
언니가 공기를 할 때마다
공깃돌에 머리카락이 수북이 딸려 나오고
밥을 먹을 때마다 밥상 앞의 헛구역질이 요란했다는
내 서너 살의 집
이렇게 잘생긴 남자가 엄마 애인이라니
너무 좋다
들에 갔다 오거나 시장에 갔다 오면 엄마는 방에 들어가
혼자 애인을 보곤 했다
신음 소리를 내며 매달리는 남자의 정체가 궁금하다
내 머릿속에서 새하얀 백지인 아버지
내가 그 이름을 쓴다 해도
잉크조차 먹지 않는 뻣뻣한 기름종이
그 위에 낯선 남자의 얼굴을 겹쳐놓는다
청정한 기억 속 언제나 빈칸인 그 얼굴
엄마의 눈에 있는 젊은이가 낯설지 않다

내 딸과 서너 살 차이도 나지 않는 아버지
엄마는 오늘도
그 젊은이를 문지르고 또 문지른다

박찬송 / 시인

◆ 출생 : 충남 천안
◆ 학력 : 고려대학교 불어불문학과 졸업
◆ 데뷔 : 2005년 월간문학(시)
◆ 시집 : 내 귓속에는 누군가의 애인이 산다(2021)
◆ 수상 : 2022년 아르코 문학창작기금 「눈 속의 사막」 외 6편 발표지원 선정
◆ 현재 : 미래시 동인

수목장

박춘희

수요일에는 그녀가 그립다
목요일이 되면 긴 목을 늘인다
그녀의 그늘엔 피톤치트가

후
두
둑

둔덕 삼밭에는 편백나무와 그녀가 동거중이다
가지마다 새순이 뾰족뾰족 돋아 수다를 떤다
살았던 집이 한 눈에 내려다보인다

손때 묻은 문고리는 굳게 닫혀있고,
빈집과 빈 마당에는 잡풀이 무성하다
더 보고 싶어 우듬지는 키를 늘인다

그녀가 가꾸던 뜰에는
분꽃과 채송화가 시간의 발목을 잡는다
분홍노랑, 빨강노랑
해년마다 그리움의 좌표가 되고 있다

뒤란에는 제일 높은 감나무가

안테나를 뽑아 주파수를 맞추고
그녀와 마주 본 채 외로움의 교신을 꽤하고 있다

장독대에서 익어가는 이야기들 맛을 전하고 싶을 것이다
어느 날 누군가가 장독 뚜껑을 열면
그녀의 구수한 후일담이 삐져나올 것이다

박춘희 / 시인, 시낭송 지도사, 독서 논술 지도사 (호 : 윤슬)
- 출생 : 충남 천안(성환)
- 학력 : 경희사이버대학교 문예창작과 4년 재학중
- 경력 : 한국문인협회 아산지부장 지냄
- 데뷔 : 열린시학(시)
- 시집 : 언어의 별들이 쏟아지는, 차이에 벽을 두지 않는다
- 수상 : 마사회 재활 수기 우수상, 제18회 제부도바다시인학교 백일장 대상
- 현재 : 충남 문인협회 이사, 그리고 아산시 평생학습관 강사, 배방 어울림문화센터 강사, 동부 생활건강센터 강사, 나사렛대학교 인생나눔 멘토

보문산 꽃그늘에 누워
- 고 조남익 시인 영전에

박헌오

보문산 꽃그늘에서 단정한 생 여미시며
하얗게 몰려오는 꽃구름을 담으시며
임이여 날개도 없이 둥둥 떠서 가십니까

부여 뜰 한밭까지 땀방울이 촉촉한데
땀 젖은 임의 정이 만발한 이 봄날에
잠시도 멈춤 없던 숨결 거둬 메고 가십니까

충남문협 첫 일꾼- 대전문협 초대 회장-
밤 낮 없이 챙겨주신 꿈나무 숲 무성한데
글 밭에 씨 뿌려놓고 빈 웃음만 안고 가시오

임이 주신 '정과 시편' 그야 마냥 푸르리오만
마지막 드릴 말씀 못 드린 채 빙빙 도니
나눠 쥔 '영원한 사랑' 거둬 들고 가소서.

박헌오 / 시조시인
- 경력 : 대전문학관 초대관장, 한국시조시인협회 이사장
- 데뷔 : 1987년 충청일보 신춘문예 시조 당선 및 시조문학 천료
- 시조집 : 석등에 걸어둔 그리움의 염주 하나(1993), 산이 물에게(1997), 뼛속으로 내리는 눈(2014), 시계 없는 방(2018), 하늘이 들고 나온 노란 시집(2018), 국수(2022) /
시조 이론서 『현대시조 창작』(2015) 박헌오, 이광녕 공저
- 수상 : 대전문학상(1993), 한밭시조문학상(2000), 충남시인협회상 본상(2014), 금강일보 문학상(2020), 한국문협 한국문학인상(2022), 한성기문학상(2023), 한국시조문학 대상(2023), 국제pen 한국본부 현원영 시조문학상(2023)
- 현재 : 한국시조시인협회, 대전문인협회, 충남시인협회 等 회원

6월의 한강에서

박희영

한강을 건널 때마다
손을 흔들어 본다
아련한 너의 얼굴을 꺼내
젊은 날 함께 했던 숱한 꿈들을
술잔처럼 부딪쳐
나는 눈물로 아프고
너는 물결로 답하는구나
어느 강물인들 할 말이 없을까 마는
유난히 6월의 한강은 소란스럽다

나는 한강 공원에 차를 세우고
너의 소리를 들어 본다
어디서 나비 한 마리 날아들고
충청도 산골로 가자고 한다
강물에 손을 담그면
그립다 그립다
물결이 손등을 친다

박희영 / 시인, 시낭송가
- 경력 : 한국문인협회 예산지부장 역임, 예산고등학교 교원으로 퇴임
- 데뷔 : 1996년 지구문학(시)
- 시집 : 그리움의 방정식
- 현재 : 예산시인협회 회원

별이 된 임희재

배재용

대한민국 제1호 영상문학가
한 편의 드라마처럼 살다 가신 분
당신의 펜 끝에 피어난 아씨를 통해
안방극장을 울고 웃게 만들었죠

한 여인의 삶을 통해
한국 근현대사의 질곡을 보여주고
한국여성의 강인함과
눈물어린 삶을 보여주었죠

인생은 짧고 예술은 길다더니만
당신은 등신불처럼
드라마 희곡 시나리오에 삶을 바쳤죠
1960대에 각본한 영화가
13개국에 수출되기도 했으니
한류의 원천이었죠

예술은 언제나 위대한 것
세월이 가도 작품은 남아
당신의 이름 부르면
그 시절 햇살 바람
그리움이 꽃처럼 피어납니다

배재용 / 시인, 서예가, 목사 (호 : 주향)

◆ 출생 : 경북 예천
◆ 학력 : 영남대 법학대학원(석사)
◆ 경력 : 한국문인협회 금산지부 부지부장
◆ 데뷔 : 2019년 문학세계(시)
◆ 수상 : 금산문화예술 대상(2022)
◆ 현재 : 한국문인협회 이사 및 금산문인협회 지부장, 충남문인협회 이사,
   인터넷신문 〈청솔뉴스〉 발행인, 좋은말전하기운동본부 이사장

보고픈 엄빠

성진명

아빠라고 불러보지 못했어도
엄마는 불러보았지

보릿고개엔
물 한 바가지 배 채우시던
엄빠

먹을 게 널려 있어
배가 불러 못 먹는
이 좋은 세상
같이 좀 잡수시라고
불러도 대답 없는 엄빠

하느님 나라에선
아프지 마시고
잊어버리지 마시고
세 끼 꼭꼭 챙겨 드세요

성진명(成辰明) / 시인
- 출생 : 1961년
- 학력 : 전북대학교 행정학 석사 및 행정학 박사과정 수료
- 데뷔 : 2005년 한울문학(시)
- 시집 : 굿바이 B형, 굿모닝 진안, 여의주를 찾아라
- 수상 : 2011년 진안문학상
- 현재 : 진안문인협회 부회장, 한국문인협회 회원

내가 무섭다

손수여

전쟁은 남북 허리를 자르고 부모 형제 갈라놓았다
그래도 반세기가 지나 행존자(幸存者)는 만나는 사람도 있었다
천연두도 마마도 어떤 암이라도 환자 얼굴이라도 본다
마지막 가는 길 배웅도 하는데

거의 칠십 년 전 할배할매 어매아배에 자매가 살던 조용한 집에
아들이 났다고 야단법석이었다 전쟁 중에 태어나고 먹기보다
굶기가 일쑤였던 시절 피붙이 동생을 업고 벗 찾아 마실 다니던
말 등에 똥오줌 수도 없이 쌌다
말 등이었던 누나가 춘분날 저 강을 건너갔다 요단강인지,
도솔천인지 알 수 없는 길 의정부 어느 요양병원에서 먼 길 떠날
채비하고 있어도 한 줄기에서 난 가지가 꺾어져도 남은 가지는
아닌 척, 둥지에서 꿈쩍도 않는다
침묵 속에서 바라볼 뿐 뵈지도 않은 미세한 코로나가 길을 막고
있다 이유 같지 않은 그런 내가 코로나보다 뻔뻔스럽고 더 무섭다

오호 통재 오호 애재. 아아 아리고 슬프도다.
다시 못 올 먼 길 떠나시네요
부디 잘 가세요 누나, 어매아배 만나 편히 영면하소서

손수여 (본명 : 손용주) / 시인, 수필가, 문학평론가, 문학박사

- **경력** : 대구공업대, 대구미래대, 계명대, 부산대(밀양캠퍼스) 等 외래교수, 대구대 교수
- **데뷔** : 시집 『느낌, 벽을 허물다』(1997), 해동문학,(시) 시세계(시), 한국시학(시), 월간문학(문학평론)
- **시집** : 내 아내는 홍어다, 웃기풀 같은 그 여자, 반추, 성스런 해탈, 설령 콩깍지 끼었어도 좋다 等 8권 / 수필집 : 나누고 싶은 생각 / 저서 : 국어어휘론 연구방법. 현대국어 색상어의 형태 의미론적 연구, 우리말 연구(공저)』等 8종 外 다수 / 문학평론「매헌 윤봉길의 문학사적 위상 조명」外 학술논문과 문학평론 다수
- **수상** : 문예춘추 21세기 문학세계화추진위원회 선정 신작시(모더니티 시 부문) 대상(2010), 장폴 사르트르 문학상 대상(2010), 국제교류문단 미래문학 제5회 국제교류작가문학상 본상(2011), 문예사조 문학상 본상(2013), 아시아 서석문학문학상 대상(2014). 제34회 펜문학상(2018.), 제9회 대구의 작가상(2018), 제4회 도동시비문학상 공모 당선(2020), 그리고 법무부장관 표창(1996), 교육부장관(2006) 표창, 통일부장관 표창(2011) 等
- **현재** : 한국문인협회 한국문화선양위원장, 국제P.E.N 한국본부 이사 및 대구광역시 지역위원장, 한국현대시인협회 부이사장, 해동문인협회, 경기시협, 세계문인협회, 문예사조문인협회, 죽순문학회, 한국시인연대, 한국현대시인협회 等 회원 / 대구대 명예교수

아버지 흑백사진

송낙인

갓 쓰고 수염 길게 기르고
무명 한복에 하얀 두루마기 입고
촌로인 양 찍은 흑백사진 한 장

소나무나 너럭바위 같으신 분
또한 태산 같은 존재
힘도 세어 장사란 말도 들었다

농사란 천하의 으뜸이라면서
생전 농업에만 종사하면서
우렁이처럼 살았다

주위에 불쌍하고 연약한 자에게는
한 줄기 갈대 같았다
수많은 이웃을 보듬어 안았다

가장이란 짐을 지고 흔들림 없는 수호신
사무실 책상 앞 벽에 걸린
흑백 영정사진 단 한 장

송낙인 / 시인, 수필가

- 경력 : 제16,17기 민주평화통일자문회의서산시협의회 회장, 제18기 민주평화통일자문회의 중앙 상임위원, 제 8대 한국경찰문학회 회장, 서산문학회 회장
- 데뷔 : 1995년 한맥문학(수필), 2001년 문예사조(시)
- 시집 : 장미꽃보다 아름다운 눈빛 外 다수
- 수상 : 문학상 금상(한국현대시문학연구소장), 서산문학상, 서산詩문학상, 시와 함께 걷는 길 작품 공모전 일반부 대상, 월간 한올문학 제12회 문학상(대상), 제1회 서광사 국화축제 백일장 최우수상(주지 : 도신 스님), 제1회 서광사 국화축제 백일장 최우수상, 표창장(대통령), 옥조근정훈장
- 현재 : 서산재향경우회장(중앙회 이사), 충남일보 서부취재 본부장, 서산문화원 부원장, 서산 문화재단 이사, 한국문인협회 회원

너무 늦지 않길 바라봅니다

송선용

철없는 날 용서하세요
그 힘들었던 시절
억척스럽게 사는 당신이 싫었습니다

교양도 여자다움도 없던 당신
안 쓰고 안 먹고 너무나 아껴
돈밖에 모른다 여겼습니다

가진 것 없이 배움도 없이
이 험한 세상과 싸워내
이렇게 반듯하게 키워주신 당신을
존경합니다

세상 유일하게 엄마라 부를 수 있는
단 한 명

당신께 이제야 목청껏 외쳐봅니다
사랑해 엄마
당신의 나이가 되어서야 알았습니다

나의 엄마
죽어도 잊지 못할 이름입니다

송선용 / 시인, 수필가, 시낭송가
♦ 현재 : 금산 문인협회 부회장, 금산문화원 산꽃시 회장, 금산 어머니 독서회 회장

블루 마운틴*

신영연

자카란다 꽃길을 따라
천 년의 오르막으로 다다른 곳
바람과 대치하는 절벽에서
당신을 보았습니다

유칼립투스 나무였던 당신은
잎잎에 떨어지는 햇살을 태우고
증발하는 나의 색깔을 입으셨군요

좋다던 미소도
괜찮다던 토닥임도
함께하자던 약속도, 광합성으로 생생하기만 한 데

그날처럼
그날처럼
그, 날처럼 곁에 있고 싶을 때는
이대로 푸르러지면 되는 겁니까

나무의 세상을 떠나 저 먼 거리에서
가슴을 태우는 당신은, 분명 푸르른 산맥일 테니

*오스트레일리아 뉴 사우스 웨일스주의 산간지대이자 산맥

신영연 / 시인, 문학박사

◆ 출생 : 충남 부여
◆ 데뷔 : 2008년 시에(시)
◆ 시집 : 안녕이 저만치 걸어가네, 바위눈
◆ 현재 : 동시대 문학동인회, 대전작가회의 等 회원

훌쩍
― 일모(一茅) 정한모 선생을 그리며

신익선

꼬맹이가 훌쩍 건너뛴 소나무였다

그 어린 소나무가 반백년 지나 숲이 되었다

아름드리 몸통 표피에
등하교길 하얀 운동화 뒷축의 소년을 새길 무렵이었다

백제의 터전, 부여 뜰에서
남북문인 갈라놓고 재단하는 짓거리,
단숨에 척결한 봉홧불 번쩍였다

서울대학교에서 시와 평론을 가르치던 사자후의 일갈이었다

늘 부지런히 글 써라
그 어떤 일에도 기죽지 말라

훌쩍 뛰어넘던 소나무가 울창한 숲, 아니냐

너의 절망을 해금(解禁)시키라
심장박동 터지도록 백제 혼 품으라

한반도 뒤덮을 백제의 시대가 다시 온다

신익선(申益善) / 시인, 문학평론가, 수필가, 소설가, 문학박사(호 : 산정 山井)

- 출생 : 1952년 충남 예산(삽교)
- 학력 : 경희대학교 대학원 국어국문과 석사과정 및 박사과정 졸업
- 경력 : 한국문인협회 홍성지부장, 한국예총 홍성지회장, 한국문인협회 충남지회 지회장 等
- 데뷔 : 1992년 시문학(시), 시와시학(평론)
- 시집 : 사람들은 소리를 낸다 外 10여 권 / 서사시 : 예산아리랑, 예산임존성, 면암 최익현, 매헌 시집(상·중·하) / 수필집 : 얼굴 없는 자화상 外 4권 / 소설집 : 남자의 은장도 外 2권 / 평론집 다수
- 수상 : 충남펜문학상, 제5회 만해님시인상, 충청남도문화상
- 현재 : 한국문인협회 충남지회 고문, 국제펜충남지역위원회 고문, 예산문인협회 고문, 내포문인협회 고문, 만해한용운문학상 운영위원장, 국제펜클럽 한국본부, 한국문인협회, 충남시인협회 等 회원 / 예산성호학회 회장, 자암 김구기념사업회 이사장

조모사(弔母思)
- 어머니 영전에

신현자

구름인 듯 너울너울
아지랑이 닮은 미소 한없던 사랑
바람 되어 가십니까

떠나시며 내쉰
기약 없는 이별 안타까운 숨
소리내지 않으셔도 다 들었습니다

누가 다 알까요
고달프고 진안한 어머니 설음
그 많고 많던 삶의 아픔

어찌 다 두고 떠나신 답니까
아끼고 아껴 잠 못 자고 일군 집안
닦고 닦아 윤나던 값지고 빛난 보물살림

보기도 아깝다시던 당신의 자랑스런 분신들
사무치는 불효의 죄스러움
영전 앞 포복한 눈물로 흐느낍니다

어머니, 모든 근심 걱정 다 버리고 떠나소서
훌훌 잊고 자유로이 날으소서

아버지 계신 그곳, 다시 뵈올 날까지 영원히 편안하고 행복하소서

신현자 / 시인, 문학박사

- 학력 : 한남대학교 문화행정대학원 석사, 일반대학원 문학박사 취득
- 경력 : 입시학원(13년 경영, 색소폰 동호회 겸 학원 연습실 다년간 운영, 유치원, 어린이집교사)
- 데뷔 : 2009년 한울문학(시)
- 시집 : 당신은 누구신가요, 꽃잎이진다고, 바람 속에서
- 수상 : 인터넷 문학상. 서구문학상 / 대전광역시 대전문화재단 창작 지원금 수혜
- 현재 : 한국문인협회, 대전문인협회, 세종시인협회, 여성문학회, 서구문학회, 한밭아동문학회, 펜문학, 한남문인회, 대전문인총연합회 等 회원 / (사단법인) 더드림 자연환경 연구회 대표, 산림교육 전문가(숲해설가, 유아숲 지도사), 색소폰 사랑 대표(악기도소매업, 강사)

소천(召天)
- 어머니 김갑선 여사

안치호

보았습니다
옷고름 풀어 구남매
마지막 젖을 물리시던 날
한 방울 남김없이 모두 주고 떠나시는
빈 껍질만 남은 어머니를

느꼈습니다
여린 가슴 열 때
못난 자식 걱정에 다 타버린
어머니 숯덩이 속을

그렇습니다
불러도 대답 없는 이름
울며 매달려도 소용없는 모습
그렇습니다 이젠

슬픔은 묻지 못한 채
시신 거둬 돌아서던 밤
발길 인도하는 달빛만이
주름진 세월 속에서 영원합니다.

안치호 / 시인

◆ 데뷔 : 1992년 문학공간(시), 한맥문학(시)
◆ 시집 : 〈밤으로 흐르는 강물〉〈무릎 꿇는 나무〉〈걸어서 나에게로〉
◆ 현재 : 대전문인총연합회 회원

선계에 가는 길

안효철

조용히 침대 위에 누워
양손 가지런히 가슴 위에 올려
손가락 발가락 오장육부 끝까지
깃털보다 가벼운
기류 따라 봄볕 미소를 지으며
이 골목 저 골목
길 따라 비행을 하는
꿈속에서 깨일 때쯤
내려 달라고 외쳐 보지만
입속에서만 맴도는 외침
누군가가 머리카락 한 올
잡아 준다면 내려갈 것 같은
짧은 꿈속 선계의 체험은
이렇게 끝이 난다
짧은 공포와 긴 부양의 쾌락
오늘이면 내일이면 어떠리
이처럼 편히 가는 길이라면
나는 잠시 눈을 감아본다.

안효철(安孝哲) / 시인(호 : 운곡雲谷)
- 출생 : 경남 함양
- 경력 : 법무부 교정직 공무원 정년퇴임, 씨엔씨개발(주) 대표
- 데뷔 : 한맥문학(시)
- 시집 : 깃털 같은 날(2002), 그리움의 흔적(2003), 시인은 시인이 그립다(2004)
- 수상 : 대통령포상, 법무부장관상, 옥조근정훈장
- 현재 : 을숙도 동인 대표, 삽량문학 동인 대표 等

영동을 지날 때마다
― 최연홍(1941~2021) 시인을 추모하며

양왕용

경부선 영동역 지날 때마다 생각나던
최연홍 시인을
페이스 북 친구로 만나
한국문협 해외한인문학 워싱턴 심포지엄 가져
그와 첫 인연을 맺었네.
최 시인의 초급 장교 시절
대구에서 김춘수 시인과 함께 했던 다방에서는
그냥 스치기만 한 그 인연.
만날 사람은 결국 만나고 만다는
인생의 진리는
우리 두 사람을 더욱 가깝게 하였네.
함께 워싱턴과 제퍼슨이
미국 독립을 의논하던 카페에도 가고
제퍼슨 생가와
에드가 엘런 포우의 기숙사 방도
찾아가 보았네.
윤동주 시인의 생가로부터 목숨 거둔 후쿠오카 감옥까지
윤동주 시인 탄생 100주년 기념 순례길에도
함께 하면서
윤동주 시인 후배인 최 시인의 윤동주 사랑
간절히 느꼈네.
그가 6.25 전쟁 피난 시절 머물던

부산에서는
서대신동 지하철역 옆 머물던 집과
그와 그의 동생이 발가벗고 놀던
송도 해수욕장도 함께 찾아보고
우리는 서로 형제 하기로 하였네.
그러나 하나님께서는
우리 두 사람의
이 세상에서의 형제의 연을 거두시고
황급히 최 시인을 먼저 데려가셨네.
형님! 천국에서 영생복락하소서.

양왕용(梁汪容) / 시인, 문학박사 (호 : 해정 海亭)
- 출생 : 1943년 경남 남해(창선도)
- 학력 : 진주고, 경북대 사범대, 국어교육과, 同 대학원 국문과 졸업(문학박사)
- 경력 : 부산대 사범대 국어교육과 교수, 한국크리스천문학가협회 회장, 한국문인협회 부이사장, 한국현대시인협회 이사장 등 역임, 절대시 동인
- 데뷔 : 1966년 시문학(시)
- 시집 : 천사의 도시, 그리고 눈의 나라 外 8 권 / 연구논저 및 비평서 : 정지용시연구, 한국현대시와 디아스포라, 김춘수평전 外 8 권
- 수상 : 시문학상 본상, 부산시 문화상(문학부문), 한국크리스천문학상(시 부문), 부산시인협회상 본상, 한국현대시인협회 국제교류 대상
- 현재 : 부산대학교 명예교수, 〈재〉복음장학회 이사, 한국현대시인협회 명예이사장, 동북아기독교작가회의 한국 측 회장, 한국문인협회, 국제펜 한국본부, 국어국문학회 等 회원

청백리 맹사성
　　- 숲과 사람들

　　　　　　　　　오만환

이야기하는 숲이 있더이다
뿌리 깊은 느티나무
들판을 향하여 맑은 바람
소를 타고 가다가
빙긋한 웃음
지방 나들이에 수령 방백 물리친
비결을 여쭈었더니
허름한 옷 한 벌 흔들며
'아무 말 안 했어'
물이 불었는데 '어디서 오십니까'
'낚시를 하려는데, 글쎄
우체부가 급한 공문을 들고
내를 건너 줬으면 해서
좀 업어 줬지 뭐
정승 했던 것 눈치 챌까봐
땀이 나더군 -'
그렇게 말씀하시며 허허-
부채질하시더이다
천수를 누리십시오 했더니
처조부(최영 장군) 사랑이 그만이었는데
떼 하나 뜻대로 못하고 육백년이 흘렀나
돌에 걸터앉아 구름을 보내

청산을 불러오고
피리 소리로 행복 나누며
지혜를 만드신 청백리 맹정승!
흠모하는 들과 숲
시원한 냇물로 살아계시더이다.

오만환(吳晩煥) / 시인
- 출생 : 1955년 충북 진천
- 학력 : 건국대학교 전자공학과 졸업중앙대학교 교육대학원 졸업
- 경력 : 천안 한마음고등학교 교장 정년퇴임, 예술시대작가회 회장, 진천문인협회 지부장, 진천문인협회장 ,한국예총출신작가회장, 한국농민문학회 이사, 인터넷문학신문 주간, 국사편찬위 자료조사위원, 현대시인협회 이사, 울림시 동인, 예술시대 동인
- 데뷔 : 1988년 예술계(시, 한국예총)
- 시집 : 칠장사 입구(1990), 서울로 간 나무꾼(1997), 작은 연인들(2013) / 시평집 : 식탁 위에 올라온 詩 (2013) / 중국어판 시와 시평집 : 自然與 倫理(2016) 外
- 수상 : 농민문학작가상(1997), 16회 山문학상, 국제문화예술상(2015, 열린문학), 충북예술상(2022, 창작부문) 外
- 현재 : 진천문인협회 명예회장, 예술시대작가회 명예회장 等

추모시집 1
– 혈족 혈연들에게

오하룡

부지런한 부여의 정진석 시인,
'추모시집' 기획하여 원고 청탁이네
추모 무엇인가?
사람 사는 사회
영별(永別)은 필연적인 인생사인데
제사 챙기고 산소 다니는 일도 일이나
자칫 소홀하기 쉬우니
시집으로 묶어 의미 갖자는 발상이니
정진석 시인 기획
어찌 돋보이지 않으랴

추모시집 때때로 들쳐보고
이 세상 인연 하였던 사연들
혈연 혈족 주변 인물까지
들추어보는 일
만날 일 없고 얼굴조차 본 일 없으나
조부 조모 친부 친모
선명하지 않은 이름 들추다보면
생부의 첫 부인도
내 생모까지 들추어지네
그러다 보니 직계뿐 아니라
곁가지 혈통도 줄줄이 나서네

삼촌, 사촌, 6촌, 팔촌 거기다 그 형제들까지

떠오르면 떠오르는 대로
떠오르면 않으면 떠오르는 않는 대로
이 세상 함께 한 혈연들
여기 나열해 볼까 하다 그만 두네
그들 어찌 다 기억 할 수 있겠는가
그냥 내 혈족 혈연 되었음을
가슴에 담는 수밖에
한 시대 함께 하였음을
읊조리고 인사 하는 수밖에

"오래 추모 하겠습니다."

오하룡(吳夏龍) / 시인, 아동문학가
- 출생 : 1940년 일본(본항 : 구미) 오사카(大坂), 구미, 부산, 창원 등지에서 성장
- 경력 : 1964년 잉여촌 창간동인 활동, 경남시인협회 부회장, 마산문인협회 회장 / 최신원예 편집장
- 데뷔 : 1975년 시집 『母鄕』으로 등단
- 시집 : 母鄕, 잡초의 생각으로도, 別鄕, 마산에 살며, 창원별곡, 내 얼굴, 몽상과 현실, 시집 밖의 시, 몽상과 현실 사이, 그 너머의 시 / 시선집 : 失鄕을 위하여, 母鄕 失鄕 그리로 / 동시집 : 아이와 운동장, 아이와 할아버지 等
- 수상 : 마산시문화상, 경남도문화상, 한국농민문학상 본상, 시민불교문화상, 한국현대시인상, 한국문학백년상, 경남아동문학상, 마산문학상, 경남시문학상, 남명아동문학상, 경남 올해의 작가상 等
- 현재 : 도서출판〈경남〉대표, 〈작은문학〉발행인, 한국문인협회와 국제펜한국본부 자문위원, 한국현대시인협회 지도위원, 한국농민문학회 운영위원, 한국작가회의, 한국아동문학인회의, 경남아동문학회, 경남작가회의, 마산문인협회, 경남아동문학회 고문 等

백세주

용미자

효부는 아니지만 아버님께
식사 때마다 반주로 올린 백세주
효험이 없는가
95수로 떠나신 지 3년째

따가운 초가을 햇살 아래
인적 없는 산길 헤집고
아버님 누우신 곳 찾아간다

남편은 예초기 메고
나는 갈퀴 들고 백세주 한 병 들고
길섶에 들꽃이 반기고
산밤가시가 굵어 서둘러
하얀 이를 드러낸 밤송이가
아버님 웃으시는 입모양이다

병석에 아버님
더부룩한 수염
정성들여 깎아 드리고
거울을 보여 드리면
기운 없이 흐뭇해하시더니

못난 자식 끼고 살다
누우신 자리
편치 않으신가 잡초만 무성하다

면도해 드리듯 풀을 베고
말끔해진 산소에 백세주 한 잔 올리고
나란히 절하고
말없이 하늘만 바라본다

맑고 깊은 하늘에
구름처럼 떠오른 아버님 얼굴
눈시울 붉어져
둘이서 백세주로 달랜다

용미자(龍美子) / 시인, 시낭송가 (호 : 초람 草藍)
- 출생 : 강원 홍천
- 학력 : 한국방송통신대학교 중어중문과, 사회복지학과 졸업, 한국방송통신대학교 대학원 사회복지학과 졸업(사회복지학석사)
- 경력 : 한국문인협회 보령지부 사무국장, 한국문인협회 보령지부 부회장 역임
- 데뷔 : 2004년 시인과 육필시(시)
- 시집 : 고백(2008), 괜찮아, 괜찮아(2022)
- 수상 : 2019년 보령해변시인학교 제2회 전국자작시 낭송대회 은상, 2021년 제8회 보령해변시인학교 전국문학공모전 은상, 제6회 배기정문학상(2022) / 거주지인 보령시 청라면 신산리에 시인의 자작시가 새겨진 시비 「섬박이 느티나무」 건립됨(2024. 5. 6)
- 현재 : 한국문인협회, 충남시인협회, 서안시문학회, 보령문인협회, 보령낭송인회, 부여시낭송회, 한국전통시낭송가협회 等 회원 / 석암당서원 보령서당 훈장, 보령문화원, 죽정도서관, 보령노인종합복지관, '교양한자' '필사와펜글씨' 강사

무화과 연정

윤숙희

내리쬐는 햇살 아래
무화과 밭에서
밭 일구시던 어머니
거북이 등 같은 손등은
엄니의 굴곡진 인생이 보입니다

소쩍새 소리도 없이 울던 어느 밤
어머니의 무화과 밭에는
서리꽃이 피었습니다

칼바람이 뼈마디 깊숙이 파고드는 겨울밤
삶과 죽음 사이에서 몸부림치며
당신은 그렇게 떠나셨습니다

두 손 가득 움켜 쥔 삶의 짐
다 내려놓으시고
삼베옷 한 벌 입고
그 먼 길을 떠나셨습니까?

눈에 넣어도 안 아픈 자식들 뒤로하고
이슬로 맺힌 눈물 훔치며
맨발로 북망산으로 떠나셨습니까?

그리 바쁘게 떠나신 님
가슴 치며 목 놓아 불러 보아도
아무 대답이 없습니다

당신 걱정은 말라며
지금처럼 단란하게 살라 이르고
그리 먼 저승으로
터벅터벅 떠나셨습니다

무화과나무 아래서
엄니가 만들어준 들큰한 식혜 한 잔
마시고 싶은 날입니다

윤숙희 / 시인, 시낭송가, 시낭송지도자
◆ 경력 : 시낭송전국대회 심사위원
◆ 수상 : 대한민국 기독예술대상(시낭송부분 대상), 한국을 빛낸 100인 대상(시낭송부분 대상),
   전국정지용시낭송대회 대상, 이 밖에 다수 수상
◆ 현재 : 충남문인협회 회원 / 새만금예술원장, 시담시담 힐링시낭송예술원장,
   나사렛대학교 인생나눔교실 멘토

환승(換乘)

이규흥

버스를 갈아타고
집으로 가는 길
단말기에 카드를 대자
환승이라는 말이 따라나온다
그래, 내 삶의 반환점
참으로 빠르게 달려왔다
아버지 어머니도 먼 길 가실 때
마을 외딴 곳집에 들러
꽃상여를 타고 떠나셨지
바람처럼 휑하니 사라지는
순간의 소멸이 아니라
느릿느릿한 속도로 걸어가는
꽃상여를 택하셨지
종점을 향해 달려가는 이 버스는
상여처럼 아늑하기도 하다
돌고 돌아가는
환승버스 안에서 잠시
내게 남은 생(生)을 꺼내어 본다

이규흥 / 시인
- 경력 : 국세청 문우회 회장
- 데뷔 : 2001년 월간문학(시)
- 시집 : 따뜻한 나무
- 현재 : 한국문인협회, 우리시회, 청주교구 가톨릭문인회 等 회원

7월의 장미

이명환

오직 하나 대한민국의
자유 평화를 위해
1950년 7월 8일
6·25 한국 전쟁에 참여하여,
죽순 같은 파란 젊음
초개 같이 던지고 가신
로버트. R. 마틴 대령과
108명의 산화한 영령이시여.

당신들께서는
누군가의 아버지로, 아들로, 남편으로
그 애틋한 가족사랑
채 한 번 나누지 못하고,
대한민국 평화 수호를 위해
장엄한 죽음으로
이 땅에 당신의 이름을 묻었습니다.

70여 년의 무심한 세월은
떠난 자와 보낸 자의
아련한 아픈 기억으로
퇴색되어 가는데,
철 모르는 7월 장미는

가신 님의 핏빛인 양
더 붉게 피어나는 오늘,
우리는 님들의 영전에
옷깃을 여미었습니다.

2021년 7월 8일

참전 전몰 미군 용사 71주년 추모의 성전에서

이명환(李明煥) / 시인, 시낭송가, 서예가 (호 : 청암靑岩)
◆ 출생 : 충남 청양
  청양초, 청양중, 청양고, 연세대학교 공과대학 산업고위자과정 수료, 호서대학교 사회복지학과 전문학사
◆ 경력 : 전국시낭송가전문가협회 상임이사(KBS 낭독의 발견 시낭송 출연(2011년), 호서대 선문대 평생교육원 교양스피치 강사, 천안서예가협회 운영이사, 천안인애학교(특수학교) 운영위원, 한국노인생활지원재단 충남지역 본부장, 한국시마을문학관 건립추진위원장, 김시민·안중근 애국시 헌정, 세종시 산림조합 시비 건립(도원골 동지들), 천안삼거리 마틴공원 시비 (7월의 장미), 3.1운동 100주년기념 대표 시낭송(아! 그 날 아우내장터), 이 밖에 국내 각급행사에 기념시 헌정, 재경 청양군민회 사무차장, 청양중고등학교 총동창회 부회장, 조광그룹 건설담당 사장, 삼화강철 대표이사, 청양군 4-H연합회 후원회장, 대한웅변인협회 이사, 주례 200여 회, 이 밖에 다수
◆ 데뷔 : 2007년 시인 등단(한국시인협회장 오세영 추천)
◆ 자전적 에세이집 : 나의 길 My Way(2014)
◆ 수상 : 충남·대전·세종 시낭송대회 최우수상(2003년), 한국시인협회 주관 전국 시낭송대회 은상 수상 (2004년)
◆ 현재 : 월영루(달빛그림자)에서 시작업

어머니 영전에
- 2007년 5월 15일 하관식을 새기며

이명희

그윽한 눈빛 다정스런 모습
국화꽃 송이 방석 위로
물밀 듯 적셔 온다

애쓰며 살아오신 세월
네 남매 기르느라 굽어진 허리
남보다 더 많이 걸어오신 일흔두 해
당신 일로 삼아 일궈내신 온갖 일들
매만진 꽃길 위로 피어나는 꽃송이
서늘한 마음에 스며드는 고운 향기

검소한 생활을 하여라.
이웃에게 베풀며 살아가라.
남에게 피해를 주지 말고 살아라.
살아생전 가르치신 교훈 새겨봅니다

새마을운동의 실천자
주교 2구 대터골 부녀회장 구성남
식생활 개선 사업, 부엌 개량, 지붕개량, 장독대 개량
마을 길 넓히기, 꽃길 가꾸기, 우물 개량, 마을 전화, 방송,
대동계 모임, 가족계획 사업, 구판장 사업 등
많은 이들 입에 오르내린 이야기

하늘나라 오르는 길 가벼이 훨훨 날으시어
고통 없는 하나님 나라에서 평안히 안식하소서!

이명희 / 시인, 시낭송가
- 데뷔 : 문학세계(시)
- 시집 : 『겨울 감나무』, 『너른바다, 그 품』 / 역할극 교육집 『희망의 별』 / 그림책 『대목장날』, 『사랑의 숲으로 내려 온 아름다운 별』
- 수상 : 세계문학상 본상, 충남시인협회 신인상, 보령문인협회 작품상
- 현재 : 충남문인협회 이사, 한국문인협회, 충남시인협회 등 회원

울엄마의 삶
- 수의 한 벌

이봉구

연산홍 꽃이 곱게 피고
벌나비가 찾아드는
화창한 봄날에!
소풍날을 얼마나 가다렸을까

평시에 흙과 살아온 울엄마
생전에 얻은 것들을
다 내려놓으시고
6남매를 하루도 거르지 않으시고
늘 명언처럼 하신 말씀을
어찌 다 기억하리오

밥이나 굶지 말고
때가 되면 빵이라도 사먹고,
차 조심하고 다녀라.
늘 걱정하신 울엄마

평시에 입고 싶어도
입을 수 없었던 옷
구십평생을 살아오면서 겨우,
수의 한 벌 받아 입으시고,
하늘나라 천국으로 소풍가셨다

천국은 어떠하신가요!
묵언
흙이 되리라는 걸 알았을까!

이봉구(李鳳求) / 시인, 농학박사 (호 : 정운停雲)

◆ 출생 : 1957년 충남 금산
◆ 학력 : 충남대학교 대학원 농학석사(1992), 중앙대학교 대학원 농학박사(2005)
◆ 경력 : 한국축산신문사 객원기자(1994~96),
◆ 데뷔 : 해동일보 신춘문예 당선(2007), 2009년 창조문학(시)
◆ 수상 : 제8회 축산생명과학 대상(한국청소년신문사, 2010)
◆ 현재 : 금산문인협회 회원, 한국예총 금산지회 감사 & 이사, 공주대 동물생명과학 대학강사, 충남대 수의과 대학강사, 중부대 동물자원학과 겸임교수, 연합동물인공수정개량원 대표

그리운 목소리

이순희

철없던 어린 시절 땅거미 질 때까지
뒷동산 묘마당에서 동네 아이들과 놀았다

집집이 굴뚝 연기 피어오르면
집 앞 냇둑에 서서 동네 떠나가도록
내 이름 부르시던 어머니

그때마다 놀이에 푹 빠져
"네, 알았어요."
대답만 하고 어머니 애타게 했는데

이제 서산바라기 된 나는
아직 노는 재미에
집으로 돌아가지 못하고 있다

그래서일까 어머니는
내 이름 부르길 포기하신 듯 잠잠하시다
그 목소리 다시 듣고 싶다

이순희(李順姬) / 시인, 시낭송가 (호 : 석향夕馨)

- ◆ 출생 : 충남 부여(석성)
- ◆ 학력 : 한국방송통신대학교 가정과 졸업
- ◆ 데뷔 : 2018년 문예비전(시)
- ◆ 시집 : 추억은 강물 따라 흐르고
- ◆ 수상 : 2012년 한국시낭송가협회 주최 전국시낭송대회 수상(시낭송가인증서 취득), 한국인터넷문학상(2024)
- ◆ 현재 : 한국문인협회 부여지부 & 사비문학회 시낭송분과위원장, ≪부여시≫와 ≪일모문학≫ 편집주간, 한국전통시낭송가협회 부회장, 충청남도시낭송가협회 부회장, 부여시낭송회 부회장, 정한모시인기념사업회 부회장, 그리고 한국문인협회, 한국경기시인협회, 충남문인협회, 충남시인협회, 충남PEN, 익산문인협회, 부여시인협회, 부여시낭송가협회, 부여문인총연합회 等 회원

개망초꽃
― 문용기 열사 앞에서

이승훈

밤안개 절뚝이고 먹구름 포개지더니
민달팽이 발뺌하고 지나가도 흔적 있더라
쓰리고 매서운 터널 매만진 빛 한 줄기

단단한 바위틈새 송곳으로 비춘 눈빛
흙바람 가라앉히는 4·4 만세운동 초입에서
내 강토 새로 닦아낸 초인이여 열사여

으깨진 몸뚱어리 산산이 강토에 뿌려져
대대로 이은 땅에 엉겨서 살자라고
개망초 무명 옷자락 솜리 장날 너울너울

* 전북 익산 지역민들이 장터에 모여 4월 4일 독립선언서를 낭독하고 일제의 수탈을 규탄한 만세운동이다. 특히 문용기(1878~1919) 선생이 군중 앞에 태극기를 들고 만세를 부르며 지휘하던 중 일본 헌병이 칼을 빼 들더니 태극기를 들고 있던 열사의 오른팔을 내리쳤다. 순간 비명을 질렀으나 열사는 왼팔로 태극기를 집어 들고 만세를 외쳤다. 그러자 헌병은 왼팔마저 자르고는 가슴과 복부를 찔러 열사를 숨지게 했다.

이승훈 / 시조시인, 화가

- 출생 : 1960년 전북 군산
- 학력 : 전주대학교 대학원 미술학과 졸업
- 경력 : 군산대성중학교 교장 정년퇴임, 천칭시문학 동인 활동(1993~1999)
- 데뷔 : 2006년 대한문학, 2022년 시조시학(시조)
- 시집 : 빈들의 소곡(2010), 달개비꽃 하늘(2011), 그대 있는 곳까지(2023) / 칼럼집 : 감성, 그 시간 속으로(2014), 시와 그림, 감성의 바다(2019) // 이 밖에 미술개인전 다수
- 수상 : 제1회 아이올리브 전국인터넷문예경진대회 연말 최종 가작(2001), 제9회 전북벚꽃백일장 장원(2005), 제18회 마한문학상(2016), 제13회 가람시조백일장 장원(2022), 대한작가상(2023)
- 현재 : 익산문인협회 지부장, 한국문인협회, 전북문인협회, 전북시조시인협회, 지평선시문학회, 율격 等 회원

승무

이유나

무엇을 털어내기 위함인가
펄럭이는 장삼자락 감고 휘감아도
맺혔다 스르르 풀어지는 기운이여

사람을 만들고 살리신 그 뜻이
어깨로 닿아
땅으로 내려왔구나

고깔 속 땀방울 기도로 흘러
세월 깊은 먹 장삼
달을 씻은 흰 장삼이야

네가 길다 하여 이생을 길다고 말할 수 있을까

흘연(屹然)한 기개로 솟구치어
하늘 끝에 와 닿은
임을 본다

*2014년 불의의 사고로 우리 곁을 떠난
국가무형유산 승무 보유자 정재만 스승님의 타계를 애도하며
짓다.

이유나 / 시인, 문화학박사, 춤추는 시인(호 : 유하 流霞)
- ◆ 학력 : 세종대학교 무용과 졸업, 숙명여자대학교 전통문화예술대학원 문화예술학 석사, 국민대학교 일반대학원 문화학 박사
- ◆ 데뷔 : 2010년 문예운동(시)
- ◆ 저서 : 2024년 『나는 왜 춤을 추는가』
- ◆ 수상 : 국제한국전통춤경연대회 금상, 전국선사무용경연대회 대상, 2012년 문예운동 오늘의 시인 선정, 2017년 양평문학상, 2022년 잔아문학상
- ◆ 현재 : 한국문인협회 부여지부 겸 사비문학회 회원 / 국가무형유산 승무 이수자, 백제연무 무용단 대표, 복합문화예술공간 〈부여유〉 대표, 벽사 정재만 춤 보존회 이사, 한영숙 춤 보존회 이사

황소
― 아버지 영전에 부쳐

이은자

늙은 황소 한 마리
산비탈 황토밭에
발자국을 남기고
생의 고삐를 풀며
먼 길 떠나셨다
아흔 살 아버지는
멍에를 달고 태어난
농사꾼이었다

이은자 / 시인
◆ 출생 : 충남 보령
◆ 데뷔 : 농민문학(시)
◆ 시집 : 사라진 것들에 대해서 外 7권, 동시집 : 갯벌아, 안녕
◆ 수상 : 만해한용운문학상, 충남발전대상, 충남예술인상
◆ 현재 : 충남문인협회, 충남시인협회 等 회원 / 보령시청 재직

은행나무

이인오

여인은 은행나무 앞에서
섧게 울기 시작하였다

곱게 넘긴 댕기 머리에서
향내음이 묻어나서
나는 서러워졌다

인생은 기껏 살아야 백년인데
천년을 살았다는 은행나무
얼마나 애달픈 세월을 견디고 살아 왔으면
그 속은 텅빈 채
공허한 메아리만 남아 있을까

하늘과 맞닿아 있는 가지끝
그곳에 가면
그리운 이와 만날 수 있을까

삼년을 산속에서
움막을 지어놓고 살았다
오로지 지아비 병수발을 위해서 살았다.

날마다 서로 의지하며 산길을 오르고 또 올랐다.

땀에 절은 그의 옷에서
눈물 같은 땀방울이 흘러 내렸다

어느날 숲으로 사라진 그는
다시는 돌아오지 않았다.
손때 묻은 지팡이만 홀로이 차갑게 서있고
낡은 운동화가 주인을 잃고 외로웠다.

가끔은
천년을 살았다는 은행나무도
섧게 운다고 했다

하얀 모양의 댕기가
나비가 되어 가지끝으로 날아갔다
무리져 피어있는 개망초
꽃잎의 하이얀 눈물이 방울지며 떨어지고 있었다.

이인오 (본명 : 이인심) / 시인, 시조시인, 수필가 (세례명 : 루시아)
◆ 데뷔 : 1993년 대한민국시서문학(시), 시조문학(시조)
◆ 시집 : 햇살 한 줌 그리고, 풍경은 바람도 없이 / 디카시조집 : 다시, 해동(孩童)
◆ 수상 : 공무원연금문학(수필문학상), 동서문학상(수필), 2017년 시조문학 올해의 작품상, 익산시장상(자원봉사), 한국가톨릭호스피스상
◆ 현재 : 익산문인협회, 전북가톨릭문우회 等 회원

아버지의 꽃밭

이종수

고향 집 담장 밑
아버지의 꽃밭에
노란 국화꽃이
예쁘게 피기 시작했습니다

그 옆에 빨간 맨드라미꽃과
아버지가 제일 좋아하시던
서광 꽃도 경계석을 따라
아름답게 피었습니다

뜰 안의 작은 화단
맨 앞자리에는
여름에 피었던
빨간 채송화꽃이

말라버린 씨방으로
흔적을 남긴 채
아직도 떠나지 못하고
돌 틈 사이에 머물러 있습니다

그 덥던 여름날
붉은 피 토해내며

꼼짝하지 않고 기다리던
마당 가 백일홍 꽃나무는

서늘한 가을바람에
단풍든 이파리만
하나둘 흩날리며
쓸쓸하게 서 있습니다

이종수 / 시인

◆ 출생 : 충남 부여
◆ 학력 : 한국산업기술대학교 졸업, 동국대학교 경영대학원 수료(석사)
◆ 경력 : 빈 여백 회장
◆ 데뷔 : 2020년 시사문단
◆ 시집 : 주머니 행복, 주머니 사랑, 주머니 기쁨
◆ 수상 : 올해의 문학인 선정(2024 당진시), 제17회 풀잎 문학상, 제28회 충남예술문화상 대상
◆ 현재 : 당진문인협회 회장, 충남문인협회 부회장, 시사문단 고문, 한국문인협회 外 다수 회원

겨울 연가

이찬억

님은 갔습니다
기억조차 아스라한 때

언덕을 숨 가쁘게
오르시던 모습이
눈에 아른댑니다

님은 가시었습니다
참새 떼 지어 나르던
겨울 어느 날
점심때 조금 지났던가

한 마디 언질도 없이
그냥 그렇게
훌쩍 떠나셨습니다

남아 있는 자
뼛속까지 그립고 시린
겨울비 되었습니다

스치는 바람 소리에
선잠 깨었습니다

싸한 가슴 한 편으로
먼동이 터 옵니다

창문 너머로
춤추는 비가 웃고 있습니다

이찬억 / 시인 (호 : 우보)

◆ 출생 : 충북 증평
◆ 경력 : 한국공항공단, 인천국제공항공사 等 근무
◆ 데뷔 : 2022년 제2회 한용운문학상
◆ 수상 : 2023년, 제13회 신춘문예 샘문학특별작품상, 2023년 한국문학특별창작상
◆ 현재 : 한국문인협회 익산지부 회원 / 인간존중 자살예방 전도사, 사회복지사, 시의 세계로 떠나는 여행자 '생기바람' 대표

구름 속에는

이 철

　구름 속에는 쪼그려 앉은 부뚜막 청솔가지 대신 우는 무전댁 있다

　구름 속에는 삼팔장 재 넘다 영영 가신 고무신 베신 장수 이금석(李金石) 있다

　구름 속에는 툇마루 제비 똥 가족사진 속 이적지 징용 사는 상 할배 있다

　구름 속에는 어디서 죽었는지 살아서 심은 고모의 볼우물 곁 앵두나무와 그 앵도라는 꽃 있다

이철 / 시인, 아동문학가
◆ 출생 : 경남 의령
◆ 데뷔 : 애지(시)
◆ 시집 : 단풍 콩잎 가족 / 동시집 : 시골버스는 착하다
◆ 현재 : 예산문인협회 회원

승화원
― 시어머님 이정염 권사

이춘희

무성히 키워 놓고 흘러간 시간
소나기 내리는 여름날
비구름 깃든 하늘 아래 승화원
그리운 시간은 멀기만 하다

눈물뿌린 기도의 삶
한꺼번에 눈물강 되었나
승화원 나뭇잎에 대롱대롱
맺혔다 떨어져 하나 되어 흐르네

마음의 뜨거운 눈물 거두시고
천국 향한 밝은 빛
천사의 찬송소리 들리네
어머니 즐겨 부르시던 찬송
"지금까지 지내온 것 주에
크신 은혜라"

어머니 사랑합니다
영생복락 누리소서

이춘희(李春熙) / 시인 (호 : 초우 草祐)

♦ 출생 : 충남 공주
♦ 데뷔 : 2007년 좋은문학(시)
♦ 시집 : 희망꽃, 사랑꽃
♦ 현재 : 한국문인협회, 강동문인협회, 한국시낭송치유협회, 한국전통시낭송회 等 회원

11월의 군불

이흥우

가지 끝 낙엽처럼
모닥불 그립듯이

온몸이 부서지는
절규의 한숨 소리

아궁이
군불을 딛고
붙어있는 나뭇잎

어머님 뼈마디에
삭풍이 애린 아침

백세의 여윈 몸은
장작불 따스함에

온돌방
굽혀진 허리
잠시나마 펴신다.

이흥우(李興雨) / 시조시인 (호 : 들샘 野井)

- 출생 : 1952년 충남 부여
- 학력 : 대전대 대학원 졸업(석사)
- 경력 : 부여군 임천면장으로 정년퇴임, 한국문인협회 부여지부장
- 데뷔 : 2001년 시조문학(시조)
- 시조집 : 봄비 너는 꽃 엽서, 천년 달빛이 흐르는 강, 내 사랑도 거미줄을 치고 싶다, 노을빛 하늘은 구름이 있기에 아름답다, 고향 사랑채, 시화원의 봄날 等 6권
- 수상 : 2020년 제6회 한국문학인상(시조 부문, 2020년), 충남문학 작품상(시조, 2007년), 충남펜문학상(2024)
- 현재 : 부여문인협회 겸 사비문학회 명예회장, 한국문인협회 이사(이들샘), 한국시조시인협회, 가람문학회, 한국문인협회 충남지회, 충남펜, 충남시인협회 等 회원

어떤 혹성을 위하여
― 누이에게

임애월

도노미오름 돌아 바다로 가는 길목
장다리꽃 하얗게 흔들리던 밭둑길
인동꽃 따서 말리던 그 여린 조그만 손

그늘도 혹여 빛 될까 아껴둔 행간의 언어
이상은 산맥 같고 현실은 심해(深海)였네
이승의 질긴 인연들 한잔 술에 놓여날까

진눈깨비 날리는 낯선 길 낯선 들녘
허물 벗는 나비처럼 휘돌아온 승화장
이제는 날개를 얻어 겨울하늘 오르네

임애월 (林涯月) / 본명 : 홍성열(洪性烈) / 시인, 동화구연가 (호는 가남 嘉南)

◆ 출생 : 제주특별자치시도(애월읍)
◆ 학력 : 아주대 대학원 국문학과 박사과정 수료
◆ 경력 : 한국문인협회 이사, 국제PEN한국본부 심의위원
◆ 데뷔 : 1998년 한국시학(시)
◆ 시집 : 정박 혹은 출항, 어떤 혹성을 위하여, 사막의 달, 지상낙원, 그리운 것들은 강 건너에 있다, 나비의 시간 等 6권
◆ 수상 : 한국시학상, 수원시인상, 전영택문학상, 경기PEN문학 대상, 경기시인상, 경기문학인 대상, 한국시원 시문학상 본상 外 다수
◆ 현재 : 한국시학 편집주간, 경기PEN 회장, 국제PEN 한국본부 이사, 한국문인협회 이사, 한국현대시인협회 이사, 수원시인협회 부회장, 한국경기시인협회 사무처장, 한국경기시인협회 상임이사, 경기문학인협회 부회장, 한국문인협회, 수원시인협회 等 회원, 〈글밭〉 동인 / 유네스코경기도협회 이사, 사회복지사(1급).

부모님전 상서

임영봉

봄은 오는데, 꽃은 피는데
세상은 어디로 가는가
그대로 해는 뜨고 달은 뜨고
산도 그대로 강도 그대로
사람만 가서는 명영 돌아오지 않누나

임영봉(林永奉) / 시인 (호 : 금산錦山)
- 출생 : 1959년 충남 금산
- 학력 : 한남대학교 국어국문학과 졸업
- 경력 : 시림문학(이후 '좌도시'로 개칭) 창립 초대회장, 한국문인협회 금산지부장
- 데뷔 : 1990년 ≪중앙일보≫ 신춘문예 시〈갯바위섬 등대〉당선
- 현재 : 한국문인협회 금산지부 고문, 충남문인협회 이사, ≪금강문학≫ 주간 겸 편집인, 〈금산사람농장〉 대표

신(新) 제사(1)

장미숙

아버지 떠나신 날

평생의 원이셨던
흰쌀밥에
쇠고기 국
연하게 다진 갈비를
푸짐히 올린다

어머니
격식에 맞지 않다고
눈 흘기시는데

아버지
빙그레 웃으시며
맛나게 드신다

장미숙 / 시인, 수필가, 시낭송가, 프리랜서 작가
- 경력 : 한국문협아산지부장, 아산시인회장 等 역임, 선문대학교 한국어교육원 외래교수
- 시집 : 사랑의 미학, 다시 부르는 노래, 갈꽃을 닮은 여자 / 이 밖의 저서 : 피리 부는 정승 맹사성, 아산의 전설
- 수상 : 충남문학 작품상, 전국시낭송대회 금상, 한양대학교 주최 전국시낭송대회 장원 外 다수
- 현재 : 충남문인협회 부회장, 충남문학 편집위원장, 소금꽃시문학회 회원, 온양문원 부원장, 아산시립도서관 문예창작교실 강사

미소만 있는 꽃

전창근

꽃은 피었다가 지더라도
계절이 오면 다시피고
해와 달도 새날이 되면
다시 떠오르는데

먼길 걸어가신 님
기다림은 아니지만 소식도 대답도 없어
뒷산 텃새의 지저귐에 슬픔보다는
그리움이 먼저 눈앞을 가려

모두에게 주어진 그 길
서로 시간이 다를 뿐
먼저 도착할 수도 늦을 수도 있음을 알기에
숙연해짐은 어쩔 수가 없나

결코 길지 않고 짧은 시간들
다하지 못하고 헤어졌지만
눈물 대신 웃음만으로 기억하려

먼저 그곳에 도착하신
님 나는 당신을
미소만 있는 꽃으로 부디

언제든 다시 만나려 합니다

전창근 / 시인 (호 : 돌풀)
◆ 데뷔 : 2018년 지필문학
◆ 시집 : 바로 당신
◆ 현재 : 금산문인협회 시분과위원장 / 마음동행예술협회 사무국장

초혼곡(招魂哭)

정광지

돌아와 이만큼 서서 불러도
생각 닫아 대답 잃은 님
아아 대답은 열두 폭 병풍
―너머 침묵

살아서 주셨던 정 모두 거두시고
울리며 가시나
정 들여 무엇했던가 싫기까지 부르기나 하려네

불러 싫어질 정도 있기는 하려나
돌아서 저만치 가서 선 님

불러서 대답

한 번 더
못 주시나.

정광지 / 시인 (일적一滴)
- 경력 : 문학미디어충북지회장 역임
- 데뷔 :2009년 문학미디어, 아람문학, 창작과 의식(시)
- 시집 : 슬프지 않은 목가, 설원, 이 아름다운 여백, 기다림의 미학, 사무치는 그리움을
- 수상 : 2013년 한국문인협회 충북지회 문학작품공모전 은상, 2016년 문학미디어 작가상
- 현재 : 한국문인협회, 국제PEN한국본부 충북지회, 청주문인협회 등 회원, 문학미디어 이사

우리 선생님
― 이상직 은사님 영전에

정금윤

세상 모르는 철부지
먼 시골서 도시로 전학 온
사투리에 깡마른 어리버리는
푸근하게 잡아준 손을 기억합니다

맑은 날은 맑은 날대로
등교하면
어제 학습 수준에 맞춰
정해준 일일 자리에서 수업 시작되고

어둡고 흐린 날이면
음악책 노래 모두 계명 합창 불렀고
낱말풀이 문답하며 통로를 돌아
전등 없는 교실을 밝혔습니다

6학년 때 쌓은
국어 산수 사회 자연
음악 미술 실과 체육 실력으로
고교 때까지 어렵지 않았답니다

우리 앞날을 위해
온갖 정성을 다하신 선생님의 노고

친구들도 하나같이
내 맘처럼 잊지 못한답니다

사범대학 나와 교사가 되어보니
저절로 고개가 숙여집니다
손자들이 그 시절 맞으니
더욱 고맙고 생각납니다

은혜에 감사드리며
찾아뵙고자 할 땐
홀로 이미 떠나셨습니다
부디 용서하소서

정금윤 / 시인
- 출생 : 충북 청주
- 경력 : 한국문인협회 공주지부장
- 데뷔 : 2000년 불교문예(시)
- 시집 : 가족 오락관, 바지락 스님
- 현재 : 충남문인협회, 공주문학회, 금강 시마을, 세종 시마루, 꿈과 두레박 등 회원

상추쌈

정병현

삶에 정답이 없다 하나
칠십 년대에는
어쩌면 세상을 등졌을 나이에
다니는 대학교 점심시간에
불고기 상추쌈이 나왔다.

상추 한 잎에
밥 한술 불고기를 싸서
입에 넣으려니
왈칵 어머니 생각이 난다.

하고많은 음식 중에 유독
상추쌈을 좋아하셔서
보리밥 된장에 상추만 싸도
꿀맛 나게 잡수시던 어머님

돌이켜 생각해 보니
어머님 살아생전에
불고기, 삼겹살 상추쌈을
대접한 적이 없었지 싶다
제가 아니어도, 어머니
잡수어 보기는 하셨는지요?

좋아하시는 상추쌈처럼
엄마 치맛자락에 쌓여
울고 웃던 그 시절이 그립습니다.

정병현 / 시인

◆ 출생 : 전북 고창
◆ 학력 : 영광군 법성포상고, 광신대학교 사회복지학과 재학
◆ 경력 : 금남여객 금산버스터미널소장
◆ 데뷔 : 2019년 문학사랑(시)
◆ 현재 : 정한모시인기념사업회, 한국문인협회 금산지부, 금강문학회, 한국전통시낭송가협회 等 회원

봄날

정상원

엄마는 별 따러 갔다
소식도 없이
연분홍 립스틱 바르고
구름 이불 속에 잠 들었다
얄밉게 엄마는 오지 않는다

정상원 / 시인, 시조시인, 수필가 (호 : 소암 小岩)

◆ 데뷔 : 한국 미소문학(시), 현대 문학사조(시조), 서울문학인(수필)
◆ 시집 : 사호재의 밤, 기억의 저편에 꽃이 핀다
◆ 수상 : 매월당 김시습 문학상 시 금상, 무원문학상 수필 본상, 제1회 시인들의 샘터문학 우수상
◆ 현재 : 한국 문인협회, 전북 불교문학, 숨 문학 等 회원, 미소문학 호남지부장

매장(埋葬)

정성수

사람들은 용마루도 없는 흙집에 석문을 달고
마지막으로 빗장을 걸어 잠갔다

두 손을 툴툴 털고는 막걸리 한 잔씩을 주고받는다
연장을 챙겨 들고 뒤돌아보며
마지막 인사를 한다

사내는 천년 깊은 잠에 빠졌다

앞으로 누구 한 사람 안을 들여다보지 않을 것이고
각자 길을 갈 것이다
때를 잊지 않고 꽃은 피고 질 것이니

어느 날 흙집에 돋아난 잡초를 보고 한순간 망연할 것이다

정성수 / 시인, 동시인, 명예문학박사
- 경력 : 전주대학교 사범대학 겸임교수, 전주비전대학교 운영교수 역임
- 시집 : 공든 탑 등 다수 / 동시집 : 첫 꽃 等 다수, 동화집 : 폐암 걸린 호랑이 等 90권
- 수상 : 세종문화상, 소월시문학 대상, 윤동주문학상, 황금펜문학상, 전라북도문화예술창작지원금 및 아르코문학창작기금 수혜, 한국출판문화산업진흥원 출판콘텐츠 창작지원금, 익산시 효행스토리 도서제작 지원금 4회 수혜 等 다수
- 현재 : 향촌문학회장, 미래다문화발전협회장, 한국현대시인협회 이사, 전라매일논설위원

엄마아빠 유택(幽宅) 찾기

정진석

살다가 아빠가 생각나고 울적하거나
엄마가 보고프고 서글프게 외로운 날에는
부모님 合葬 된 幽宅 찾는다
대전 시내 명정로 순하고 가난한 마부로 法 없이 살다간
아버지의 연보랏빛 해맑은 삶 부러워
중앙시장 불볕더위 팍팍한 채소장수로 카랑카랑 살다간
어머니의 청양고추맛 억척스런 삶 존경스러워
두 분 손잡고 잠드신 山所 기웃거린다
23번 國道 따라 죽 내려가다 보면
全羅北道 益山郡 咸悅面 石梅里 416번지
용왕골 왼쪽 龍山生家 지나
全北特別自治道 益山市 咸悅邑 多松里 와야동네
왼쪽으로 꺾어 〈다송무지개매화마을〉 회관 지나 齋室
이어지는 솔밭 앞 넓고 너른 남향 양지 바른 땅
晋州鄭氏 濟州牧使 保緖公派 先塋
烏石으로 세운 비석
晋州鄭公諱世喜(龍南)
配密陽朴氏南順
之墓夫友
서기 2003년 癸未 1月 31日立
父 1905년 乙卯7월19日生 1961年 辛丑12月 27日卒
母 1919년 己未8月7日生 2002年 壬午12月 13日卒

뒷면에 3**男**3**女**, 자부 빈 손자 손녀 손자부 외손자 외손녀 증손녀 외증손자
    화강암 상석 직사각형 둘레석
    좌우로 영산홍 두 그루 **花甁** 2개
    43살에 홀로 되어 우리 6남매 지킨 수호천사 어머니 소망
    아빠 품안 꼬오옥 안겨 짱자란히 누워 **熟眠**하시는 것
    여기는 나만의 성당 교회 사원 도량 쉼터 사랑채
    형제들 만남의 광장, 아이들 명절 휴게소
    엄마가 삼삼하고 아빠가 그리울 적 찾는
    훗날 나도 묻힐 **永久寢室**
    그래 엄마아빠는 우리들의 **神**
    그래 엄마아빠는 우리들의 **宗教**
    그래 엄마아빠 **墓所**는 우리들의 **聖殿**
    지금 엄마랑 아빠 한 이불 덮고 **永眠** 중인데
    내 마음속에는 아직 살아있다

정진석(鄭眞石) / 시인·문학평론가·시낭송가·문학박사 (호 : 용산龍山)

◆ 출생 : 1951년 전북 익산(함열)
◆ 학력 : 공주교육대학, 숭전대학교 국어국문학과 및 동 대학원 졸업, 한남대 대학원 국어국문학과 졸업
  (문학박사)
◆ 경력 : 공주교대 석초문학동인회 회장 & 써클연합회장, 숭전대학교 청림문학동인회 초대회장 &
  학도호국단 제1대대장(문리대 학생회장), 공주교육대학교 겸임교수 및 공군 제2사관학교 강사
  지냄, 한국문인협회 대전직할시지회 초대사무차장, 국제펜클럽 충남지역위원회 초대사무국장,
  한국문인협회 충남지회 평론분과 이사 겸 감사 및 부지회장 지냄
◆ 데뷔 : 1979년 현대문학(시), 1986년 월간문학(평론)
◆ 시집 : 沙月里 비타령(1981), 新아리랑(1983), 모래 위에 쓴 詩(1989), 요령잡이 詩人의 판소리(1999),
  아름답고 향기로운 사람꽃(2010), 雜草를 뽑으며(2015), 내가 사랑하는 사람이 나를 사랑하는
  것은 奇蹟이다(2019) / 시선집 : 龍山詩抄(2021) / 평전 : 韓性祺評傳 - 韓性祺 詩人의 삶과 詩
  (2017), 평론집 : 이 땅에서 소박맞은 詩人들(2023), 편저 : 趙南翼의 詩와 삶(2003) 外 다수
◆ 수상 : 제1회 大田文學賞(1989), 제17회 한성기문학상(2010), 제12회 한남문인상(2015), 제59회
  충청남도문화상(2021/문화예술-문학 부문), 제6회 미산올곧문예상(평론 부문 본상), 국민훈장
  옥조근정훈장(2016), 대전문인 아카이빙 대상작가로 선정됨(2025)
◆ 현재 : 한국문인협회 부여지부 상임고문 겸 평론분과 이사, 정한모시인기념사업회 회장, 부여시낭송회
  대표, 부여시낭송가협회 회장, 부여시낭송가협회 회장, 부여문인총연합회 대표,
  충청남도시낭송가협회 대표, 한국전통시낭송가협회 대표, 한국문인협회 충남지회 평론분과
  이사, 문예지 다수의 신인문학상(신인작품상) 심사위원, 향토신문 《부여뉴스》 논설위원,
  《부여시(扶餘詩)》 & 《부여문단(扶餘文壇)》 & 《일모문학(一茅文學)》 등 발행인 겸 주간,
  그리고 국제펜클럽 한국본부, 한국문인협회, 한국시인협회, 한국현대시인협회,
  한국문학평론가협회 등 회원, 이 밖에 문인단체 다수 참여

아버지, 옷 한 벌 드립니다

정하선

그 때가 시월 열하루 겨울로 접어드는
추동복 양복 한 벌 체크무늬 옅은 약간 검정색
와이셔츠는 하얀색 혁대는 자동 빗살무늬 넥타이
순면 겨울내의 한 벌 팬티는 사각 메리야스는 긴팔
그리고 양말과 끈 매는 검정구두 한 켤레 코가 반짝이는
정확한 치수를 알 수 없어
허리는 36인치 속옷들은 100호
구두는 265미리 양말은 대충
내가 입은 옷의 크기와 같은 크기로 그냥
고급도 아니고 내가 입은 것보다 조금 더 멋스러워 보이는 걸로
빠진 것 없나 다시 한 번 살피고
깨끗한 종이상자에 담아
나 세 살 때 돌아가신 아버지의 무덤
오십사 년이 된 아버지의 무덤
양민학살현장에서 죄 없는 죄로
팬티 한 장 겨우 입고 가셨다는
무덤 옆에 옷 한 벌 묻어드리고 오는 길
오리나무 가지에 걸린 두견이 울음이 봄비에 젖고 있다.

정하선(鄭河璿) / 시인, 시조시인, 동시인, 수필가

- 출생 : 1945년 전남 고흥
- 학력 : 중앙대학교 예술대학원 문예창작 전문가 과정 수료
- 데뷔 : 2002년 월간문학(시), 1995년부터 작품활동 시작
- 시집 : 그리움도 행복입니다, 재회, 한 오백년, 새재역에서, 가볍고 경쾌하게, 송림동 닭알탕 外 / 시조집 : 술을 두른 여인 / 동시집 : 도깨비바늘, 무지개 자장면 等 / 민조시집 : 석간송 석간송수, 저기에 둘이 누우면 外 / 에세이집 : 견디며 사는 나무, 운과 귀인은 누구에게나 온다 外
- 수상 : 방촌(황희 정승)문학상, 평화통일문학상, 시조문학 작가상 等
- 현재 : 전통문화 예절지도사, 숲·생태해설가, 바다해설사

성묘(省墓)

정학수

전라북도 익산시 함열면 다송리 와야부락
先塋으로 접어드는 길목 고운 억새풀
솔밭 사이로 찾아간 우리집 다섯 식구
할머니께 우리 왔다 알려 주려나
단잠 든 동산 다 깨우기 시작하는 막내
깜짝 놀라, 방아깨비 호다닥 나비 화아활
두 손 가득 장만해온 걸로 진지 차린다.

빵이 좋아 할머니 오시기만 기다렸던 아이
그 내리사랑 듬뿍 받아 예쁜 꽃씨 담겼어라
이내 줄 곳 몰라 대신 기울이는 소주잔
어디서 오는지 하나 둘 꼬여드는 풀벌레들
할머니 자심 방해하는 그놈들 괘씸해
워이워이 슬프고도 그리운 손 저어보지만
괜찮다며 가슴 속 할머니는 웃으신다.

해질 무렵 노오란 노을 아래 정갓골
살아 계실 때 사랑 표현 못 건넨 철부지 맏손자
잡초 뽑고 다듬고 언저리 곱게 고른 뒤
그리움 달랠 길 없어
할머니 주름진 이마에나 입맞춤
둘레석, 상석, 비석 고루

그렇게 잘 지은 할머니 집에 얼굴을 묻는다.

정학수(鄭鶴洙) / 시인
- ◆ 출생 : 서울특별시
- ◆ 학력 : 관동대학교 사범대학(지리교육) 졸업
- ◆ 경력 : 대전인재학원 부원장 겸 진로부장 지냄
- ◆ 데뷔 : 2010년 문학공간(시)
- ◆ 현재 : 한국전통시낭송가협회, 부여시낭송회, 부여시인협회, 부여문인총연합회 等 회원 / naver〈태산철거〉(건물, 구축물해체공사) 대표

하관(下棺)
— 豊壤趙氏 門中 龍仁李氏 추모(2022. 4. 23.)

조남명

　백 하고 석 살 여인의 명정과 공포가 봄 하늘을 나부끼고, 뒤따라 이중 꽃상여 행렬이 청송리 푸른 들판 길을 돌아, 평소 살았던 아들 집 텅 빈 마당을 한 바퀴 갈지자로 최후로 돌았네. 못 다 입고 못다 쓰고 이번 가면 영결일세. 요량잡이의 애절한 선소리에 후렴으로 받는 어허 어허 어허야 어헤, 대매꾼의 상여소리와 검은 상복에 완장 차고 리본 맨, 오륙십 명의 번족한 아들 딸 며느리 사위 상주들이, 뒤따르며 슬퍼하는 곡소리가 동네를 다 집어 삼켰네. 언덕 위의 수선화도 절을 하네. 노제를 올리고 조문을 받은 꽃상여는, 좁은 논뚝 길을 지나 먼저 와 기다리고 있는 영감 묘 옆에 다가와 정좌 했네. 땅 속 회사무리 관을 열고 午時를 맞춰 하관을 하였네. 상여에서 관을 풀어 일곱 매 묶은 수의로 싼 몸을 무명 띠 여섯 가닥으로 들어 광중에 모시었네. 병자생 임자생 피하시오. 坐와 分金을 맞춰 안치되고, 자손들이 고운 흙 한 삽씩 헌토가 시작되고, 관에 흙이 채워져 시신이 차차 안 보일 쯤, 자손들의 마지막 울음소리가 터지고 청실홍실 폐백이 놓이고, 명정이 덮이면 흙이 쌓이고 잔디가 덮여 합폄 봉분이 오르고, 비로소 이승에서 살았던 부부가 사십 년 만에 저승에서 다시 신방을 차렸네.

조남명(趙南明) / 시인 (호 : 동호)

- ◆ 출생 : 충남 부여
- ◆ 학력 : 한남대학교 대학원 국문문예창작학과 박사과정 재학 중
- ◆ 경력 : 충남도청 공직 퇴임, 대전PEN문학 부회장
- ◆ 데뷔 : 2009년 한울문학(시)
- ◆ 시집 : 사랑하며 살기도 짧다, 그대를 더 사랑하는 것은, 세월을 다 쓰다가, 향기는 스스로 만든다, 봄은 그냥 오지 않는다, 제 이름으로 핀 꽃,
- ◆ 시선집 : 처음 눈빛 等 7권
- ◆ 수상 : 한울문학상, 대전문학상, 대전문학상, 역옹인문학상, 대전PEN문학상, 녹조근정훈장, 대통령 표창, 정부모범공직포상 等
- ◆ 현재 : 한국문인협회, 국제펜한국본부, 국제계관시인연합한국본부, 대전문인협회, 대전PEN, 대전문인총연합회, 충남시인협회, 한국문학방송, 사비문학회 等 회원

단소를 부는 사나이
– 明東 趙學濟 아버지를 그리며

조홍련

달이 뜨는 밤이면 사나이는
언덕에 올라 단소를 불었다.

지상의 어떤 소리보다도
단소의 음률은
아름답고 애절하였다.

달빛 사이를 타고 노는
단소의 가락을 들으며
사나이 곁에 누운 나는
별들이 꼬리를 끌며 떨어지는 것을
구경하였다.

뒷산 마루에 달이 고갯짓하면
닭은 홰를 치며
새벽을 알리고

교회당 종소리가 은은히 울리면
달빛 속에서 음률과 함께
별을 따던 사나이는

단소 소리를 살짝 접으며

나를 업고는
언덕 마루를 내려오곤 하였다.

조홍련 / 시인
◆ 출생 : 전남 고흥(남양)
◆ 학력 : 서울여자대학교 영문과 졸업
◆ 데뷔 : 문학세계(시)
◆ 수상 : 태릉문학상 시 부문 대상, 한국문학신문 기성문인 문학상 대상(시 부문)
◆ 현재 : 한국문인협회, 국제펜클럽 한국본부 등 회원

행려(行旅)
― 박용래 시인을 추모함

주봉구

떠나고 떠나고 떠나는
자리 흰 구름

산수도 열두 폭 병풍에 가려진
향년(享年) 55
초겨울 찬비가 발등을 적시고 있다

경신년(庚申年) 11월 21일 오후 1시
충청남도 대전시 오류동 17의1
시인의 뜨락
화톳불이 타오르고 있다

홀로 시신은 입관을 기다리고
불러도 불러도 들리지 않는 곳에 누워
금방 잠이 들었다

비 온 뒤
가을보다 더 푸른 하늘
마른 가지 위엔 구름 몇 점

머무는 듯 떠나고
다시 떠나고

주봉구(朱奉求) / 시인 (호 : 옥봉玉峰)
- 출생 : 1943년 전북 정읍
- 학력 : 한국방송통신대학교 졸업
- 경력 : 행정공무원 퇴임
- 데뷔 : 1979년 시와의식(시)
- 시집 : 머슴새(1981), 황토 한 줌(1988), 잠들지 않는 바다(1994), 길 떠나는 바람(2000), 시인의 집(2003), 집 없는 달팽이(2008), 아버지의 수첩(2015), 강풍주의보(2021)
- 수상 : 문예한국작가상, 전북문학상, 전북예술상, 전북시인상, 전북불교문학상, 제1회 여산문화상 等 다수
- 현재 : 전주 거주하면서 시작에 열중

신비로운 향기가 감도는 모습으로
― 故 羅明淳 博士 靈前에

주원규

세상의 푸르름이 모오두 모여서
구름 한 틀 남김없이 쫓아내고는
푸르름 잔치를 벌이는 하늘
그런 하늘 아래 구월 십구 일
계절이 바야흐로 익어 가는 때를 골라
왜 하필 추수할 것 많은 사람 불러 가실까
베풀 일 못다 한 그 한을 어찌할꼬
뜻밖의 부음(訃音) 받고 정신이 아찔
가슴이 하얗게 바래졌습니다

다음 날은 진종일 바람 불고 비 내렸습니다
언제나 이승은 이렇듯 어지럽고
메마르고 질척거리고 불확실하고
그러하매 지혜롭고 명철하고 따뜻한 사람 그리울진대
거두고 베푸는 일 더좀 두고 볼 것을
현자(賢者) 데려간 하느님 후회의 눈물이지, 이 비는
하고 보니 속상해서 들숨낼숨 크게 쉬시는 겔 게야 이 꺽센 바람은
중얼거리며, 지하철을 몇 번 바꿔 탄 뒤
저녁 늦게 영정(影幀) 앞에 섰습니다
근조(謹弔) 띠를 두른 사진 속을
오래오래 들여다보았습니다

고개를 좀 치켜든 채
먼 하늘에 눈을 모으고
상체를 조금 앞당겨 턱을 고인 옆모습
단호하고 열정적인, 단아하고 고결한
신비로운 향기가 감도는
곧 고개를 돌려 반갑게 웃을 듯한
모습

사람은 한 평생 능력만큼 사는데,
현실을 발판으로 이상세계를 꿈꾸던
작가로서의 예지에 빛나는 눈동자가 거기 있었습니다
은평문인협회 감사로서, 연말 정기총회 감사보고 뒤
송년회 뒤풀이 잔일들 솔선하시던, 시골 아저씨같이
따뜻하던 모습이 거기 있었습니다
튼실한 남편 자애로운 아버지의 모습이 거기 있었습니다
세계일보 부국장 경인일보 부사장
경원대학교 교수 및 부총장으로서
십수 권의 저서와 창작집을 펴낸 저자로서
몰입 몰두하던 학자, 언론인, 교육자의 풍모가 거기 있었습니다

이제 이승의 일 업적으로 길이 빛날 것이매 그것으로 수고 많았다

그만 내 곁으로 오너라 부르심을 받고
전능하신 하나님 곁자리로 오르실
허허로운 모습을 또 거기서 보았습니다

삼가 명복을 비오니
하늘 복락(福樂) 누리소서

2017. 03. 24.

주원규(朱元圭) / 시인 (호 : 월강 月江)
- 출생 : 충남 부여(홍산)
- 학력 : 서라벌예술대학 문예창작학과 졸업, 동국대학교 국어국문학과 졸업,
- 경력 : 서울 대성중학교 교장으로 정년퇴임, 한국문인협회 및 한국기독시인협회 자문위원. 한국시인협회 심의위원. 〈서울詩壇〉 대표
- 데뷔 : 1977년 현대문학(시)
- 시집 : 절두산 시편(문학세계사), 문득 만난 얼굴(문학수첩), 대영역공동시집 : 여섯 개의 변주(문예운동사간) 外 다수
- 수상 : 은평문학상(대상), 청하문학상(본상), 한국기독시문학상(대상), 한국문학 100년상 外 다수
- 현재 : 은평문인협회 고문, 한국문인협회, 한국시인협회, 국제펜 한국본부, 목월문학포럼, 충남시인협회. 응시(凝視) 동인, 한국문인선교회, 한국기독시인협회 等 회원

이슬비
- 돌아가신 어머니를 그리며

진 명 희

한옥 대청마루에서
돌아가신 어머니를 만났다

곱디고운 세모시 입으시고
따스하게 웃어 주던

어머니,

하얀 고무신
눈물처럼 반짝이는데

어느새 내 곁에 앉아
함께 눈물짓는 이슬비

진명희 / 시인

◆ 출생 : 경북 의령
◆ 경력 : 서안시문학회 회장, 충남시인협회 사무총장 및 상임이사, 조선문인회 부회장
◆ 데뷔 : 2000년 조선문학(시)
◆ 시집 : 하얀 침묵이 되어(2001), 강물은 머문 자리를 돌아보지 않는다(2004), 달빛 홀로 서다(2010), 사람을 만나다(2015), 여정(2018), 고구마껍질에게 고함(2021), 이름빛깔(2021), 찰나(2022), 풍경 시로 짓다(2024) 등 9권
◆ 수상 : 충남예술문화상, 충남문협(작품상), 조선문학(작품상), 충남예총지회장상, 한국예총회장상(문학부문), 충남시인협회상(작품상), 매헌문학상, 국제문학올해의 탑 작가상, 충남펜문학상, 한국문학백년상, 충남문협 대상 등 / 충남문화재단 창작지원금 수혜(3회)
◆ 현재 : 충남문인협회 부회장, 충남펜문학 부회장, 충남시인협회 심의위원장, 조선문인회 지도위원, 계간문예작가회 이사, 예산시인협회 사무국장, 한국문인협회, 한국시인협회, 국제계관시인연합한국본부, 서안시문학회 등 회원

고사리 꽃이 피었습니다

차명숙

초록에서 살고자 도시를 떠나
사과나무 아래에서 둥지를 틀고 강산도 변했다
조금씩 고향처럼 여겨지고
사랑하는 큰아들 내외와 손녀들
달콤한 사과향기 속에서 재미나게 지냈다

산골 살이 제법 익숙해지니
엄니는 산과 들을 앞마당처럼 돌아 다녔다
봄이면 봄나물 바구니에 뜯어 나르고
친해진 마을 어른들과 노인정에서 어울리고
마실도 다녔다

국사봉 어느 쪽에 고사리가 많은지
팔봉산 자락 어디에 고사리 밭이 있는지
꿰고 다녔다

어느 날 엄니는 여느 날처럼 새벽에 국사봉 다녀오고
아침상을 물리고 팔봉산 고사리 밭을 향했다
그리고는 아직 돌아오지 않는다

너무 많이 뜯어 못 오시나
아직 고사리를 뚝뚝 꺾느라 못 오시나

아직 해가 남았다고 못 오시나
고사리 밭의 주인이 되셨나
엄니가 뜯어온 고사리나물 반찬
자식들 좋아라 맛있게 먹는 모습에
조금만 더 뜯느라 아직 이신가

온산을 뒤지고
애타고 찾아다닌 지 얼마인지
이제는 흐르던 눈물도 마르고 꿈에도 보이지 않는다
숯덩어리 가슴을 치며 엄니 돌아오면
이제 고사리 뜯으러 산에 가지 말라고 뒤 늦은 허우적거림에
밭 한 켠 고사리 밭을 만들었다

엄니만 돌아오시면 되는데
야속하게 달력이 열두 번 바뀌어 걸렸다
얼마나 지나면 오실까
길에 혼자 걸어가는 노인만 보아도
가슴이 찌릿찌릿 출렁거린다

엄니! 엄니! 엄니!
산속에서 길을 잃고 두려웠을 생각만 하면 가슴이 아린다
그 생각만으로도 죄스러워 가슴을 후빈다

산에 가시지 못하게 왜 말리지 못했을까
그날 이후 고사리는 보고 싶지도 않았는데
해마다 고사리 밭에서는
주인을 기다리며 꽃을 피운다

차명숙 / 시인

- 출생 : 대전
- 학력 : 한국방송통신대학교 가정과 졸업
- 데뷔 : 2023년 문학사랑(시)
- 시집 : 2023년 사과밭 별똥별
- 수상 : 제2회 예산백일장 일반부 대상, 제11회 충남문학제 일반부 우수상, 2023년 충남교육감 표창, 2024년 예산군수 표창
- 현재 : 충남문인협회, 예산문인협회 등 회원, 예산군소식지 편집위원, 농촌체험교육농장(아람농장)대표, 예산군생활개선연합회 오가면회장

벚꽃은 다시 피고
— 아버님을 그리며

최대승

벚꽃이 피었습니다
남산공원 안중근 동상 옆에 앉아 햇살 마시고
기운찬 하늘이 좋다고 하시던 당신
벚꽃이 피었습니다
봄은 다시 오고 꽃은 다시 피고
남산은 푸르러 갑니다

어릴 적 뛰어놀던 남산
당신이 주신 선물입니다
태어나 자라고 성장한 남산입니다
끝끝내 떠나지 못한 해방촌, 당신의 삶이 있고
사랑이 있고 가족이 있습니다
빈집을 지키는 어머니는 연로이 쓸쓸합니다

고이 간직한 지갑과 사진 도장 이발기구
버리지 못한 흔적이 당신을 소환합니다
툴툴거리고 못마땅해 하던 어머니는
당신이 기둥입니다

혈혈단신 무일푼으로 상경하여 둥지 튼 해방촌
노동일로 지켜낸 처자식입니다
겉멋 모르는 당신입니다

얼른 커서 기술 배워야 한다는 말
새기고 단단히 살았습니다

그리운 당신,
그곳에도 벚꽃이 피었나요
도화꽃 온누리 덮었나요
따스한 봄 햇살 평화롭게 비추나요

벚꽃이 피었습니다
당신의 미소가 새뜻하게 피었습니다

최대승 / 시인
- 경력 : 구로문인협회 사무국장 역임
- 데뷔 : 2013년 문예사조(시)
- 시집 : 강가에 서서 하염없이, 순수의 기억
- 수상 : 현대문학사조 작가상 대상, 2021년 공주문화관광재단 올해의 문학인 선정
- 현재 : 한국문인협회 우리말가꾸기위원회 기획분과장, 충남문인협회 부지회장, 공주문인협회 감사, 불교문예작가회 회장, 한국산림문학회 이사, 현대문학사조 편집위원, 소금꽃시문학회 等 회원

엄니

최명규

이맘때
고구마도 떨어지고
콩과 옥수수 보리
양식이라곤 남은 게 없는 이맘때

엄니는 재 넘어
먼 친척 상가 바느질을 하러 갔다 오시며
앞치마에 부침개 몇 장을 싸고
행여 식을까 한숨에 되짚어 와
우리 앞에 풀어놓고 먹이셨다

인절미 한 알도 입에 넣지 못하고
앞치마 작은 주머니에서
기어이 빼앗아 목에 넘기고
엄니의 뼈골을 빼 먹고 살았다

뼈에 바람이 들어
걷지도 못하는 엄니는
깨질까 날아갈까
아끼던 아들들에 고려장 당하고
자식들은 한, 두 번 생사만 확인하고 간다

돌아서는 아들 불러
굶지 말고 뜨끈뜨끈한 국밥 사 먹으라
꼬깃꼬깃 접은 만원을 손에 쥐어준다

엘리베이터 문을 나서지 못해
벽을 치며 울 때
언제 들어왔는지 간호원이 놀라 의사를 부른다.
에미 **뼈골 빼**먹고 고려장 시킨 인간이 갈 곳이 어디인가.

요양병원이 아른거리길 며칠
바쁨으로 하늘을 가린 지 한 달 만에
보고 싶은 자식들을 기다리다
엄니는 한 많은 고개를 넘어
집 뒷산으로 가셨다

이맘때

매화꽃 벙글어
알싸한 향기가
무섭던 보릿고갤 넘어 덮칠 이맘때

그 이맘때가

애간장 끓어 낸다
살아실 적 불효자가
돌아가신 뒤 어이 슬퍼할까만

이제 뼈에 바람이 들어서인가
나도 엄니 발목처럼 온기가 없다

엄니!

최명규 / 수필가, 시인, 서예가, 문인화가 (호 : 천산芉山)
- 출생 : 1957년 충남 서천(문산)
- 경력 : 서천문인협회 회장, 한국예총 서천지회장, 서천문화원 부원장, 뉴스서천 칼럼위원 / 대한민국 서예 전람회(국전) 초대작가 및 심사, 충남서예전람회 초대작가 이사 및 심사, 충남 미술협회 초대작가, 대전 충남서도대전 초대작가 이사 및 심사위원장, 공무원 미술대전 초대작가, 근로자 미술대전 초대작가, 추사 휘호대회 초대작가, 해동서예협회 초대작가, 창암 대한민국 휘호대회 최우수상 초대작가, 새만금 전국서예 문인화대전 이사 및 심사위원장, 대전 충남 정예작가, 핵안보 정상회의 휘호(청와대), 청와대 술병문양 당선 2회, 문인화 개인전 7회
- 데뷔 : 농어민신문 최우수상(수필)
- [저서] 시집 : 빈 새장의 문을 열어놓다, 시를 쓰고 싶었다 / 수필집 : 삶은 드라마였다
- 수상 : 대한민국 예술문화 명인 인증(서예·문인화 부문), 대한민국 2021 예술문화 대상, 2021년을 빛낸 예술인 대상
- 현재 : 서천문화원장, 충남문인협회 이사, 한국문인협회, 서천문인협회 等 회원 / 서예 문인화 강의 (문화원, 도서관 等 5개 단체)

어머니의 유언

최세균

겨울이 끝나 갈 무렵
마지막 강추위에 방에 있던 물도 얼던 밤
벌써 여러 날 째 입을 열지 못하던 어머니가
기적처럼 말을 시작하셨습니다
길고도 간절한 이야기
그것은 이야기가 아니라 메시지였습니다
메시지가 아니라 예언이었습니다
이사야, 예레미야, 에스겔 그런 선지자들의
그런 예언처럼 신비한 계시(啓示)
그것은 영음(靈音)이었습니다
하나님을 사랑하는 여인의 대언(代言)
아들을 사랑하는 어머니의 유언
그날 밤 어머니 곁에서 나는
묵시록의 요한처럼 받아 적고 있었습니다
어머니가 남기신 마지막 말씀들을

최세균(崔世均) / 시인, 목사 (호 : 그빛)

- 출생 : 1947년 경기 안성
- 학력 : 연세대학교 연합신학대학원(신학석사), Southern Baptist 명예문학박사
- 경력 : 한국문인협회 안산지부장, 서정문학연구위원장, 국제펜클럽 한국본부 자문위원, 한국크리스천문학가협회 회장, 한국목양문학회장, 그사랑교회 당회장, 시와 사랑 발행인 等 역임
- 데뷔 : 1990년 시와의식(시)
- 시집 : 그 하늘, 사랑하게 하소서, 유서를 보여주시겠습니까, 울고 있는 그대에게, 기쁨이어라 축복이어라, 그 나라 가는 길에 等 다수 / 산문집 : 그사랑 빛이 되어, 나는 가슴으로 운다 等 다수.
- 수상 : 순수문학상 본상, 에피포드문학상, 목양문학상, 성호문학상 等 다수
- 현재 : 상록수문학도서관장, 월간 상록수문학 발행인, 그사랑교회 원로목사

가을편지

하진우

편지를 썼어요
한 발작 위에 서있던 형에게
편지를 썼지요.
소풍을 떠나려는 형님에게
가을 편지를,
호천공원에서 뛰어놀던
어린 추억도 뒤로하고
돌아오지 못할 멀고 먼
그곳으로
떠난다기에 안타까움에
편지를 썼지요.
빨간 단풍잎 끝자락 사연을
담아 돌아오지 못할 편지를
썼어요.

2017년 11월 14일

하진우 / 시인, 대체의학박사, 건강관리학박사, 색소폰연주자 (호 : 호천)
- 데뷔 : 2018년 환경문학 시부문 최우수 대상 당선
- 시집 : 별 세는 밤, 세월이 가면 / 시와 철학, 이 밖에 전문서적 다수 출판
- 현재 : 한국문인협회 회원, 한국문인협회 부여지부 사비문학 부회장

아버님 영전에

한고석

아버님 뜻 기려
향불 사루어 놓고
두 손 모아 비옵나니

하늘의 꽃이 되어
푸른 별 되어
영생하시옵소서

당신이 놓고 간 그리움
마주쳤던 그 눈길
보듬었던 그 마음도
끝내 보내드려야 하는 애달픔

눈물조차도 흘릴 수 없는 슬픔
가득 머금고
오늘이 마지막인 것처럼
다시는 뒤돌아보지 않을 듯이
등 돌려 가시지만

잠시 스쳐간 인연일지라도
당신과 나 곱고 귀한 인연이길

백년이 지나도 시들지 않는 꽃처럼
아침햇살에
영롱한 이슬 머금고
항상 마음속에
피어나소서

한고석 / 시인
- 경력 : 내포문협 회장, 한국문인협회 충청남도지회 사무국장, 한국문인협회 예산지부장
- 데뷔 : 스토리문학(시)
- 시집 : 하늬 바람 스쳐간 우듬지를 바라보며, 내 어깨를 빌려줄게, 예산의 산길
- 수상 : 충남 문학 작품상
- 현재 : 한국문인협회, 충남문인협회 等 회원

부고에 답장하다
— 故 윤월로 시인 영전에

한 린

여우비를 피해 달리는
호주머니 속에서
당신의 부고가 울립니다.

대기 높은 곳에서
강한 돌풍으로 몰아치는
비구름이
멀리 떨어진 이곳까지
빗방울을 날려 보내는가 싶다가

그 높은 곳에서
못다 한 이별의 이야기들을 한꺼번에
쏟아 놓으시는 건가 생각합니다.

당신의 환한 웃음처럼
햇살은 저리 밝은데
"우리 곧 행복한 곳에서 봬요"
인사하던 음성이
메마른 거리를 적시네요.

갈 곳을 잃어버린 발은
당신의 호흡을

구름 속에서 찾고자
하늘을 봅니다.

채운(彩雲) 같이 살고 싶으셨던 당신

당신의 마지막 시를 읽으며
온몸이 꿈에 젖어
먼 곳으로 흘러갔다가
거슬러 온 구름과 함께 있습니다.

이제부터 행복한 공간에
늘 함께 있을 것 같습니다.

한 린 (본명: 한기욱) / 시인
- 출생 : 대전
- 학력 : 대전대학교 문예창작학과 같은 대학교 대학원 석사과정 마침, 명지대학교 일반대학원 문예창작학과 박사과정 수료
- 데뷔 : 2003년 시문학(시)
- 시집 : 사막의 별처럼 外 다수
- 수상 : 대전시인협회상(2023)
- 현재 : 대전대학교 혜화리버럴아츠칼리지 왜래교수, 시와경계 기획위원, 한국시문학회, 대전문인총연합회, 대전시인협회, 백지시문학회, 큰시문학동인회 等 회원

해처럼 빛나는 얼굴
– 엄문용 장로님께

홍인숙

함박웃음이 무엇인지 알았지요
사람을 만날 때마다 온몸으로 반기실 때

마음 씀이 어떤 건지 배웠지요
수십 년 전 만드신 교안을 찾아주시던 때

인자함이 무엇인지 저절로 느꼈지요
변함없이 바라봐 주시던 눈길 따라

소식 없이 여러 달 지나 만나던 그날
가슴 적시던 격려의 말씀과 온유한 표정

그렇게 한순간 떠나실 줄 알았다면
좀더 앉아서 차라도 한잔 더 대접할 것을

오랜만의 만남에 한 말씀이라도 더
귀담아 새겨둘 걸 온통 아쉬움뿐입니다

사모님께서 가까운 아동문학가에게
그 좋아하시던 목요회에 가신 날이라고 하셨다지요

그 아동문학가는 저하고도 각별한 권사님

그렇게 유전하듯 만나지는 삶의 울타리에서

언젠가는 저 밝은 곳에서 또 다른 울타리로
함박웃음 지으며 두 팔 벌리실 장로님

지으신 업적이 해처럼 빛나서
서로 섬기는 이 땅에 사랑의 울림으로 영원하시길

떠나신 후에야 곰곰 새겨보며
사람이 사람에게 무엇인지를 그리워봅니다

홍인숙 / 시인

- 데뷔 : 2013년 시와소금(시)
- 시집 : 『딸꾹, 참고서』, 『그날의 대담』 等
- 수상 : 대전펜문학 공로상, 대전예총공로상 대전시장상, 대전문인협회 올해의 작가상, 목요문학 작품상
- 현재 : 이음문학회 회장, 대전예술 편집위원, 대전문인협회 이사, 창작세계 운영위원, 한국문인협회, 국제펜본부 대전광역시지회, 대전시인협회, 대전여성문학회 等 회원

가을날의 소묘

황한섭

곡목도 잘 생각나지 않는 오래 된 노래가 가끔
다시 듣고 싶을 때가 있다
아침상을 차리면서도 어머니는 그 노래를 들으면
흥얼거리셨고
파란색 오토바이를 타고 출근하는 남편의 뒷모습을
한동안 쳐다보면서 혼자
코스모스 길을 걷곤 하셨다

새벽이면 사람들로 넘쳐나던 중앙통
찜통더위에도
뱃사람들이 허기를 달래던 허름한 선술집엔
비린내 나는 손으로 주고받던 술잔과 육자배기
낡은 선풍기 한 대가 주인장 얼굴만큼이나 꾀죄죄하다

아버지의 아버지가 가을이면 숱하게 부르던 노래
며느리를 얻을 때 기분 좋아서 불렀다던
그 노래를
벼 이삭 누렇게 고개를 숙인 황금색 들판에서
아장거리는 손자와 함께 듣고 싶어짐은
왜일까?

황한섭 / 시인(호 : 외송)

- 출생 : 충남 금산
- 학력 : 대전대학교 경영학과 졸업
- 경력 : 한국문인협회 금산지부장, 한국예총 금산지회장
- 데뷔 : 2006년 한울문학(시)
- 시집 : 당신의 꽃이 되고 싶습니다, 간이역, 황금오리알 트롯, 사막의 봄
- 수상 : 한울문학 작가상, 금산문화예술대상(2015), 충남문학 작품상(2019), 대전중구문학 대상(2020), 충남문학 대상(2022)
- 현재 : 금강권문화예술인협회 대표, 한국문인협회, 한국문인협회 충남지회 이사, 〈황금오리알〉 대표

慕筆
追隨

어디쯤 가시나요
– 정창순 수필가를 떠나보내며

김용순

 길 떠나신 지 이제 나흘이 지났습니다. 어디쯤 가시나요? 불가에서는 49일 동안 다음 생을 기다리며 이승에 머문다고 하던데, 아직 여기 계시나요? 선생님께서는 심판이 필요 없는 삶을 사셨으니 바로 좋은 생을 받아 이내 떠나셨는지도 모르겠습니다. 선생님의 영정 안팎으로 빼곡히 늘어섰던 꽃송이는 당신이 베푼 사랑의 증표인 듯 향기 짙었습니다.
 배꽃처럼 환히 웃던 당신, 당신이 애지중지하던 배나무들은 이제 누가 가지 치고 거름 주나요? 배꽃 흩날리던 어느 봄밤, 당신의 배나무 아래에서 모닥불 피워놓고 술잔에 꽃잎 받아마시던 그날이 생생한데 이제는 어디서 어떻게 만나 수필 얘기를 할 수 있나요?
 성순회 모임은 또 어떻게 한답니까? 장안날이면 성환장으로 불러들이셨잖아요? 회칙도 회장도 없는 모임이지만, 선생님의 호출이 떨어지면 멤버들은 원성동 교보빌딩 앞으로 득달같이 모여 제 차에 올랐습니다.

성환장이 서기 바로 전날, 해 저문 장터에 도착해 보면 늘어선 여러 장옥에서 다음 날 장을 보기 위해 가마솥 그득 순대를 삶고 있었지요? 그중에 두 번째 순댓국밥집 앞에는 막 삶아낸 순대 맛을 보려는 손님들이 줄을 서지요. 그러나 선생님은 그 집을 지나쳐 다른 집으로 향하셨습니다. 인기 있는 그 맛집으로 가자고, 왜 매번 딴 집으로만 가시냐고, 과붓집이라 그러시는 거냐고 생떼를 쓰며 뒤를 따르자면 그저 빙긋이 웃으며 앞장서시던 선생님, 알고 보니 그 장옥은 여인 혼자서 아이 키우며 어렵게 운영하는 가게였습니다. 측은지심이셨던 거지요.

선생님, 문득 그 집 국밥이 그립습니다. 국밥의 매력은 뭐니 뭐니 해도 후루룩 들이키는 얼큰하고 개운한 국물 맛에 있지 않습니까. 신선한 돼지 사골과 부속고기를 우려낸 육수에 순대를 삶아 막 건져내고 거기에 양념한 선생님의 단골집 순댓국은 국물이 그만이었습니다. 반찬은 김치, 깍두기와 양념한 새우젓이 전부였지요. 김치와 깍두기는 적당히 숙성되어 자꾸 젓가락이 가던걸요. 슴슴한 국밥을 한 수저 떠서 그 위에 잘 익은 깍두기 한 조각 올린 다음 와작 깨물면 구수한 순대와 상큼한 깍두기가 어우러져 그 맛이 일품이었습니다.

우리는 순대가 삶아질 때쯤인 늦은 저녁에 만나니 언제나 출출했습니다. 빈속을 정신없이 채우는 우리를 물끄러미 바라보며 흐뭇해하시던 선생님, 지금 생각해도 선생님은 반칙의 왕입니다. 회비를 걷지 않고 부정기적으로 상환장 순댓집에서 만나는 모임이기에 순댓국 값은 멤버들이 돌아가며 내기로 했지요. 그런데 선생님은 매번 국밥을 드시다가는 뒤보러 가는 척 슬그머니 일어서서는 음식 값을 치르셨어요. 매번 그러시니 하루는 최 선생님이 기필코 순댓국밥 값을 치르겠다고 장옥에 들어서자마자 과부 아주머니의 앞치마 주머니에 카드를 찔러 넣었지요. 그러자 도로 내어주며

"어제 미리 오셔서 넉넉히 치르셨어요."

하시더군요.

선생님, 오늘 1교시 마치고 쉬는 시간에 가을문학기행에 대해 논의했습니다. 장소가 정해지고 대절버스를 예약하며 문득 선생님 얼굴이 떠올랐습니다. 여행 갈 때마다 손수 수확하신 성환배를 넉넉히 갖고 오셔서는 차에 실으셨지요. 여기저기 여행하다가 지칠 오후쯤에 단물이 줄줄 흐르는 그 배로 갈증과 피로를 달랬습니다. 선생님의 영정 앞에서도 안 그랬는데 이제 와 배 깎던 생각을 하니 눈물이 왈칵 솟습니다.

먹는 것은 인간의 욕구 위계 중에서 가장 원초적인 욕망이라지요. 음식 끝에 정 난다고도 합니다. 선생님께서 먹는 거에 특히 후하신 것은 무의식에 잠재해 있는 당신의 가난하던 서울의 젊은 시절이 승화한 방어기제가 아닌지요? 드넓은 배 밭 아래서, 그것을 이루기까지의 지나온 여정을 느리고 낮은 목소리로 더듬이시던 모습도 생생합니다.

어디쯤 가시나요? 그리도 그리시던 먼저 가신 사모님을 찾아가실 테지요? 죽으면 다 끝이라는 말은 믿지 않습니다. 다만 옮겨 감이라고 생각합니다. 이승에서 잘 지내셨듯이 그곳에 가서서 사모님 다시 만나시리라 믿습니다.

스물다섯 살의 어느 여름날, 고모님 댁에서 우연히 마주쳐 선

생님 마음을 사로잡았던 사모님의 그 미소, 이후 꽃잎처럼 피어나 언제나 지친 마음을 어루만져 주던 '아내의 미소', 그 미소가 스러진다면 껍데기뿐인 내가 홀로 남아 그 고적을 어찌 감당할 수 있겠냐며, 그날에 이르면 나는 아내의 그 미소 속에 포근하게 감싸여 쉬고 싶을 뿐이라고 하시던 당신, 막상 사모님이 먼저 가시자 차마 그리하지는 못하고, "내가 따라가야 하는데…." 하시며 한숨짓던 선생님, '껍데기'로 이승을 견디시느라 애쓰셨습니다. 이제는 두 분 해후하시길 바랍니다.

점점 더 멀어져 갈 선생님, 이제 신안수필문학회 회원 명단에서 선생님의 성함, 정 창자 순자를 삭제해야 합니다. 그러나 당신이 주신 주옥같은 수필과 베풀어 주신 사랑은 더 가까이에서 팍팍한 나날의 윤활제가 될 것입니다.

사모님도 가시고 선생님도 떠나시고 장차 저도 가야 할 길, 부디 안녕히 가시옵소서.

김용순 / 수필가
- 출생 : 충북 제천
- 경력 : 천안에서 학원 원장, 충남문인협회 사무국장과 부회장, 그리고 충남문학 편집위원장
- 데뷔 : 1997년 수필과비평(수필)
- 시집 : 봄으로 오시는 당신 外 3권
- 수상 : 수필과비평문학상, 충남문학대상, 전영택문학상, 천안문학상
- 현재 : 충남문인협회 회장, 평생학습 차원에서 수필지도 통해 다수 제자 양성 중

그리운 우리 어머니

삼구이

우리 어머니는 유난히도 나를 예뻐해 주셨다.

나는 삼남 일녀(三男一女) 중 2남으로 태어나 우리 어머님의 지극한 사랑으로 귀여움을 많이 받으며 자랐다.

내리사랑이라 그런지는 몰라도 유독 어머니는 나를 극진히 사랑하셨다.

내가 국민학교 5학년 때였던 것 같다.

하루는 학교에 갔다가 돌아와 어머니 품에 폭신 안겨 어머니 젖가슴을 만지고 있노라니까 우리 어머니가

"야! 내가 어느 스님을 만나서 들은 이야기인데, 네가 우리 식구들 가운데 복덩어리라며 우리 온 식구가 다 네 복으로 먹고 산다더라."

말씀하시며 나를 참으로 예뻐하고 귀여워 해주셨다.

어린 나이지만 어머니의 그 말씀이 듣기에 매우 좋았다.

그래서 그런지 어머니는 수시로 '너는 참 복덩이'라고 하시며 머리를 쓰다듬어 주시곤 했다.

아마 해마다 보릿고개로 말미암아 생활고에 너무 시달렸을 것이기 때문에 사는 것이 너무나 어렵고 고달팠을 그 시절, 여러모로 살아가기 정말 힘들고 팍팍했을 어머니는 나를 지켜보며 나에 대한 기대감을 가지고 다소나마 희망과 위안을 얻으셨는지도 모르겠다.

세월이 흘러 내가 장가들어 따로 살림을 차리게 되었다. 어머니는 내가 새가정을 꾸리고 사는 것을 예사롭게 보시지 않았던 성싶다.

'너는 잘 살 거야.' 하시면서 '너는 걱정되는 게 하나도 없는데, 같이 사는 너의 형은 물가에 놓은 것처럼 항상 마음이 놓이지 않는다.' 시며 자나 깨나 늘 큰아들 걱정이 떠날 날이 없다고 푸념하셨다.

어머니는 늙어서는 우리집에 와 함께 지내셨다.

임종 전에 하시던 어머니 말씀.

"너, 부자 되게 해줄게. 너는 제일 엄마 속을 안 썩였고 참으로 착하고 기특해서 나무랄 게 하나도 없었다."

며 칭찬을 자자하게 하셨다.

물론 세상의 거의 모든 사람들이 다 그렇겠지만, 나는 오랜 세월이 흐른 지금도 우리 엄마 모습이 생생하게 떠올라 도저히 잊을래야 잊을 수 없다. 어머니에 대한 그리움이 사무칠 때마다 눈시울이 뜨거워지고 견디기가 무척 힘들다.

뼛속까지 사무치도록 그리운 우리 어머니.

나도 이제 구순을 넘겨 천국에서 어머니와 재회할 날이 점점 가까워지고 있다.

그 전에 이따금 꿈에라도 보고 싶은 어머니가 종종 찾아와 주셨으면 좋겠다.

삼구이(옛이름 : 삼이출) / 시인 (호 : 신애愼愛)
- 출생 : 1934. 10. 20 충남 부여(세도)
- 경력 : 〈해촌교회〉 원로장로, 충청지역 성로회 고문
- 데뷔 : 사비문학과 일모문학 等에 시를 발표하면서 작품활동 시작함
- 현재 : 한국문인협회 부여지부 & 사비문학회, 부여시낭송회, 정한모시인기념사업회 等 회원

〈特別寄稿〉

실향과 둑길의 시인
– 나의 아버지 한성기

한 정 희

大德郡 鎭岑面 自宅 부근 논길을 걷는 韓性祺 詩人(1980년)

푸른불 시그널이 꿈처럼 어리는
거기 조그마한 驛이 있다

빈 待合室에는
의지할 椅子 하나 없고

이따금 急行列車가
어지럽게 警笛을 울리며
지나간다

눈이 오고
비가 오고……

아득한 線路 위에
없는 듯 있는 듯
거기 조그마한 驛처럼 내가 있다

— 한성기 「역(驛)」 전문

아버지는 실향민이다. 아버지는 1923년 4월 3일 함경남도 정평군 광덕면 장동리 82번지(자연부락 : 늡재)에서 아버지 청주 한씨 택영(韓鐸英)과 어머니 이만길(李萬㖿) 사이에서 태어났다.

아버지의 시를 읽으면 마음이 뻐근해진다.

아버지는 1942년 함흥사범학교를 졸업하고 당해연도 4월 2일 19살로 충남 당진군 합덕면 신리에 있는 신촌공립국민학교로 발령을 받았다고 한다. 그리고 얼마 있다가 해방이 되었다고 한다. 그래서 갑자기 부모와 형제들을 만날 수 없게 된 것이다.

고향이 북쪽인 아버지는 학교에 다닐 때 붓글씨만 열심히 쓴 탓에 성적이 그리 썩 좋지 않아 충남 당진으로 발령을 받았다고 한다. 한 학교에 함께 근무하던 동료선생 중 집이 서울인 선생이 언니랑 같이 내려와 있었는데, 그 선생의 소개로 그분의 언니랑 아버지가 결혼한 것 같다.

그 후 아버지는 중등교사 자격증(서예)을 따는 바람에 대전사범학교 교사로 발탁된 성싶다.

그런데 어머니가 나를 낳았고 그 후 동생을 낳는 과정에서 산후조리를 소홀하게 했던 연유로 결핵에 걸려 내가 3살 때 돌아가셨단다.

지금도 가끔 생각하지만, 그 때 외가에서는 왜 나를 데려다 키워주지 않았을까 의문스럽다.

내겐 아주 어릴 적 2컷의 기억이 있다. 어렴풋한 기억인데, 한 컷은 누군가 누워 있는 분(생모일 것 같은) 옆에서 앉아 있는 내 모습. 또 한 컷은 그 무렵 대전사범학교 사택에 살았을 때 일이다. 사택은 디귿자 모양의 집인데 한 쪽 방 2칸을 우리가 사용했다. 아랫방은 아버지와 나랑 살았고, 윗방은 한 쪽 벽면에 작은 보따리 살림이 잔뜩 놓여 있었다. 돌이켜 생각해보면 그때 그 방에 살던 사람들이 엄마가 없는 나를 돌봐주지 않았을까 추측된다. 그 당시 아버지 나이는 불과 27~28세쯤일 것 같고 사고무친(四顧無親)인 젊은 남자가 겨우 세 살짜리 딸아이와 함께 어떻게 살았을까 싶다.

왼쪽 아들 韓用九 목사, 오른쪽 딸 韓正姬 여사
(1971년 10월 8일~14일)

그리고 사택 가운데 또 다른 방 2칸은 음악선생님네가 살았는데, 그때 그 댁에는 할머니가 계셨고 큰딸이 나와 동갑이라 그 할머니의 돌봄도 받지 않았을까 싶다.

고향이 북쪽인 아버지는 늘 고향을 그리워하며 우울하게 지냈다. 참 외로운 분이었던 것 같다. 특히 아버지는 명절이나 당신의 생일 때는 한동안 거의 말을 하지 않고 무척 우울해하셨다. 이런 때에는 엄마랑 우리들까지 마치 초상집 같은 느낌으로 보냈다. 그래서 우리 가족은 명절이 되면 하나 즐겁지 않았던 것 같다.

아버지는 학교에 근무하실 때 인기가 퍽 많았던 것 같다. 명절을 앞두고는 학생들이 과일이랑 다과세트를 가지고 찾아왔던 것 같다. 각 지방에서 나는 인삼정과 해산물도 가져온 적도 있다.

아버지가 근무하셨던 대전사범학교 교지『대사(大師)』에 보면 아버지의 별명은 '수탉'이었다. 그 이유는 흡사 옛날 장화(일본말로 '아마구스')를 신은 수탉과 흡사했기 때문에 붙여진 별명이 아닌가 싶다. 사실 아버지는 한 때 엄지발톱을 다치신 후론 계절에 상관없이 맨날 장화만 신고 다녔던 것도 같다.

그리고 아버지는 좀 괴팍한 데가 있었다. 학교 근무하실 땐 한참을 아미구스만 신으셨으며, 아파서 추풍령 용문산기도원에 들어가서부터는 흰고무신만 고집했다. 양복에 흰고무신만 신으셨고 목조이는 게 싫다고 넥타이를 매지 않으셨다. 또 양복을 맞출 경우에는 바지의 길이를 복숭아뼈 위로 올라가게끔 다시 손질하셨다.

아버지는 상처(喪妻)의 아픔과 향수병에 걸리신 탓인지 당시 현대의학으로도 아버지의 질병을 치유하기 어려운 상황에서 직장에 사표를 내고 추풍령 용문산기도원에 들어가 무려 5년간이나 투병생활을 하였다. 그후 돌아가실 때까지 일정한 직업도 없이 가난하고 외롭게 사셨다.

그리고 나보다 열 살 아래인 여동생을 무척 예뻐하셨는데 그 아이가 7살 때 뇌막염으로 죽었다. 그때 그 아이가 그렇게 되지 않았더라면 용문산기도원에서의 투병기에 아버지의 건강 회복이 좀 더 빠르셨을 텐데 하는 아쉬움이 없지 않다. 아버지는 여동생이 죽자 엄마가 돌아가셨을 때처럼 다시 주저앉은 모습을 보이기도 했던 성싶다.

아버지의 식성은 함흥 쪽에는 동태가 많이 잡혀서 그런지 동태찌개를 유난히 좋아하셨다. 김장철이 되면 엄마가 김장을 담글 적에 으레 해마다 동태 한 짝을 들여다 손질해서 김치 포기 사이에 넣곤 하였다. 김치가 익으면 결대로 찢어서 드리면 김치 국물에 찍어 잡수셨고 찬바람 불기 시작하면 겨우내 명란젓을 즐겨 잡수셨고 봄철쯤엔 창난젓을 드셨다.

儒城에서 (왼쪽부터 韓用九, 李璋熙, 金潤成, 韓性祺, 金東權, 鄭眞石)

    아버지는 제자들이 많이 따랐던 것 같다. 우리집에 찾아왔다가 아버지가 계시지 않을 땐 마루에 앉았다 가기도 했다. 제자 대여섯 명이 오면 같이 민화투치기를 즐겨 하시며 노셨다. 우리집에 자주 찾아오는 졸업생 중에는 우리집에서 만나 결혼한 제자도 있다. 붓글씨를 잘 쓰는 제자 중 한 분은 재학 중에 대전문화원에서 서예전을 연 학생도 있다. 이 시기의 대전사범학교 졸업생들이 모여 작년에 『단심』이란 책을 만들었는데, 그때 학창 시절의 상황을 수필로 소개해준 여류문인도 있다. 이분도 얼마 전까지만 해도 서로 연락했는데, 지금은 건강이 안 좋으신지 카톡을 보냈더니 이분의 아들이 대신 답을 주셨다. 아버지의 제자인 이분은 내게 가끔 농사지은 쌀을 보내주곤 했다.

    아버지 돌아가시고 얼마 안 있어 따르던 제자들이 중심이 되어 대전시민회관(현재 : 〈대전예술가의 집〉) 뜨락에다 시 「역(驛)」을 새긴 시비를 세워 주었다.

아버진 어디를 가시든 그 지방 학교에 근무하는 옛제자들과 문학하는 분들을 만나셨다.

용문산기도원 아래 추풍령에 살 땐 가까운 학교에 근무하는 문학하는 선생님들과 친하게 지냈다. 예산에 살 땐 그곳 지역사회학교와 함께 글짓기대회를 개최하기도 했다. 그때는 아버지한테 편지가 여기저기서 많이 왔다. 어떤 분의 경우에는 주소를 정확하게 모르니까 '예산읍 한성기'라고 겉봉에 썼는데 우리집으로 배달된 적도 있다.

이 시기에 가수 정훈희의 「안개」란 노래가 한창 유행했다. 아버지는 이 노래를 자주 들으셨다. 내가 예산보건소에 근무할 때다. 보건소 앞에 다방이 있었다. 하루는 아버지가 잠깐 다녀가라는 전화를 하셔서 갔더니 종업원에게 「안개」를 틀어달라고 부탁하시고 커피를 사주셨다. 그때 아버지의 마음을 조금은 이해할 수 있을 것 같았다.

그리고 조치원에 살 땐 그곳 문학하는 청년(故 장시종 시인)이랑 즐겨 산책하셨다.

또 유성에 살 땐 공주교육대학 故 한상각 교수님을 통하여 만난

왼쪽 韓性祺 시인, 오른쪽 鄭眞石 시인(1975년 가을 大田 佳水院 부근 萬樹園)

학생들 몇 명과 오래도록 자주 만나셨다.

그 후 아버지가 ≪현대문학≫지에 시인으로 추천한 정진석(시인, 문학평론가, 시낭송가, 문

학박사) 선생과는 거의 매일 돌아가실 때까지 만나 시골길을 같이 걸으시곤 했다.

아버지가 1984년 4월 17일 돌아가신 뒤, 문하생인 정진석 선생이 「한성기 시 연구」로 문학박사학위를 받았다. 이어서 정진석 선생은 아버지의 작품세계에 대하여 30여 년간 줄곧 연구한 결과물인 638쪽짜리 방대한 분량의 『한성기평전 – 한성기 시인의 삶과 시』(2017)를 발간해줘서 너무 기쁘고 고마웠다.

아버지는 어디에서 살든 항상 시골길을 많이 걸으시려 했다. 밤에 잠을 주무시기 위해서 그랬던 것 같다. 대전에 살 땐 보문산을 많이 가셨다. 보문산을 가려면 대흥국민학교를 지나는데 지금은 모르지만 그 당시 〈대전대흥초등학교 교가〉를 아버지가 지으셨다고 한다.

부인 蔡泰智 여사와 함께
(1978년 벚꽃 핀 봄날 安興國民學校 교문 앞길)

아버지는 가끔 엄마가 먹을 갈아 드리면 붓글씨도 쓰시긴 했지만, 평생 거의 문학에 전념하셨다.

아버지가 작고하신 후에 우연히 아버지가 쓰시던 성경책을 보다가 맨 뒷장에 북쪽에 있는 형제들의 이름을 적어 놓은 걸 보고 참 많이 외로워하셨고 고향을 그리워하셨던 같다. 그렇지만 아버지한테는 많은 제자들이 따랐고 또 젊은 문인들이 따라줘서 실향의 아픔과 고독을 견뎌내신 것이 아닐까 싶다.

　탄생 100주년을 맞이하여 지금도 저승 어느 둑길을 걷고 계실 아버지를 회상할 수 있는 계기를 마련해준 〈대산문화재단〉에 고마움을 표한다.

* **한성기**(1923~1984) 시인, 함남 정평 출생
　대전사범학교 교사, 충남문인협회장 역임, ≪현대문학≫과 ≪현대시학≫ 等 신인추천심사위원 / 시집 :『산에서』,『낙향이후』,『실향』,『구암리』,『늦바람』, 시선집『낙향이후』, 충청남도문화상(문학), 한국문학상, 조연현문학상

[참고문헌]
・정진석 : 박사학위논문「한성기 시 연구」
　　　　　　『한성기평전 – 한성기 시인의 삶과 시』

한정희 / 故 한성기 시인의 장녀
◆ 출생 : 대전
◆ 현재 : 서울 거주 중

2025 산 자와 죽은 자 사이 맺어진 영원한 사랑의 만남
한국 추모시 사화집 (韓國 追慕詩 詞華集)

발행일 : 2025년 8월 15일
엮은이 : 정진석(鄭眞石) / 시인, 문학평론가, 시낭송가, 문학박사

〈편집위원〉
- 강신용(姜信龍) / 시인, 한성기문학상운영위원회 회장
- 김완하(金完河) / 시인, 문학박사, 《시와정신》 주간, 한남대 명예교수
- 신익선(申益善) / 시인, 문학평론가, 문학박사
- 임애월(林涯月) / 시인, 동화구연가, 《한국시학》 주간

〈편집 실무〉
주   간 : 이순희(李順姬) / 시인, 시낭송가
편 집 장 : 김인희(金仁喜) / 수필가, 시인, 시낭송가, 문학박사
편집간사 : 박진용(朴珍龍) / 시인

엮은 곳 : 한국 추모시 사화집(韓國 追慕詩 詞華集) 편찬위원회
　　　　　충남 부여군 부여읍 가탑로 120-5 〈시인의 집〉
　　　　　손전화 010-8809-4319 / 010-5857-4319(정진석)
　　　　　전자우편 jjs195151@hanmail.net

펴낸 곳 : 문경출판사
　　　　　34623 대전광역시 동구 태전로 70-9 (삼성동)
　　　　　Tel (042) 221-9668~9 Fax (042) 256-6096
　　　　　전자우편 mun9668@hanmail.net
　　　　　등록번호 제 사 113

ISBN 978-89-7846-875-6 03810

값 30,000원